四部要籍選刊
蔣鵬翔 主編

阮刻禮記注疏

（清）阮元 校刻

七

浙江大學出版社

本册目録（七）

附釋音禮記注疏卷第二十二

禮運第九

鄭氏注　孔穎達疏

故聖人參於天地並於鬼神以治政也處其所存禮之序也玩其所樂民之治也並并也謂比方之也存察也治所以樂其事居也○所樂音岳又音洛又五孝反好也注同治直吏反注同下以自治注身治成治皆放此併步頂反故天生時而地生財人其父生而師教之四者君以正用之故君者立於無過之地也順時以養財尊師以教民而以治政則無過差矣易曰何以守位曰仁何以聚人曰財○差初佳反一音初買反曰仁本亦作人【疏】故聖至地也○正義曰此一節結上政令之命降于天地宗廟之等使禮儀有序民得治理○故聖

人參於天地者政是聖人藏身之固所以聖人參擬於天地則法于天地是也○並於鬼神者並謂比方鬼神則祖廟山川五祀也言比方祖廟山川五祀而爲事以治政者治謂脩治也言參擬天地比並鬼神以脩治政教也○處其所存禮之序也者存謂觀察也天有運移寒暑地有五土生殖有祖禰仁義皆是人之所觀察言聖王能處其人所觀察之事以爲政則禮得次序也○玩其所樂民之治也者謂與作器物宮室制度皆是人之所樂聖人能愛玩民之所樂以教於民則民得治理各樂其事業居處也○故君者立於無過之地也者○正義曰若天不生時地不生財父不生子師不教訓直欲令人君教之不可教誨則君多有過今人君順天時以養財尊師傅以教民因自然之性其功易成故人君得立於無過之地言其功易成無過差也

○故君者所明也非明人者也君者所養也非養人者也君者所事也非事人者也故君明人則有過養人則不足事人則失位明猶尊也○養羊尚反又如字下同故百姓則君以自治也

養君以自安也事君以自顯也故禮達而分定故人皆愛其死而患其生則當爲明人之道身治居安名顯則不苟生也不義而死舍義而生是不愛死患生也○則君則音明出注分扶問反後文注除三分去一三分益一皆同舍音捨

故君至其生○正義曰此一節論政之大體皆下之事

疏 上非上之事下也上下分定人皆以死事上○君者所明也者明猶尊也謂在下百姓所尊奉君使之光顯尊明人君非明人者也者非謂遣君尊明在下之人下云君者所養也非養人者也君者所事也非事人者也並與此義同以所明與所養所事文同相類故鄭以明爲尊也○故君明人則有過者君位既尊乃自下嚮尊人於理不順故云則有過養則人則不足者君唯一身若養百姓力不能周贍故云養人則不足也事人則失位者君尊在上而屈事於在下之人是失位也○故禮達而分定者達謂曉達分謂尊卑之分以下之事上於禮當然人皆知之是禮之曉達尊者居上卑者處下是上下分定也○故人皆愛其死而患其生者愛謂貪愛患謂恥患人皆知禮上下分定君有危難皆欲救之故人皆貪愛其以義而死競欲致死救之恥患其不義而生不欲苟且

生也○注則當爲明○正義曰以此則君以自治覆述上文故知則當爲明○故用人之知去其詐用人之勇去其怒用人之仁去其貪用知者之謀勇者之斷仁者之施足以成治矣詐者害民信怒者害民命貪者害民財三者亂之原○知音智注同去羌呂反後皆同斷丁亂反施始豉反下施生同○故國有患君死社稷謂之義大夫死宗廟謂之變變當爲辯聲之誤也辯猶正也君守社稷臣衞君宗廟者患謂見圍入○之變音辯出注

【疏】故用至之變○正義曰上既禮達分定患其不義而生因上生下故云故也此論去不義之事○用人之知去其詐者知謂謀計曉達前事詐者不敢爲之故云去其詐用人之勇去其怒者勇謂果敢決斷能除惡人凶暴怒者不敢爲之故云去其怒也○用人之仁去其貪者仁者好施不苟求其財貪者見之心慚止息也故云去其貪也○注用知至之原○正義曰言用此三者足以成治如鄭此言但得知者勇者仁者則足以成治矣何須用詐怒貪者乎故云去之如鄭此言則解之當云選用人知者退去其奸詐者不須用之爲其害民信也用

人之勇者去其忿怒不須用之爲其害民命也用人之仁者去其貪殘不須用之爲其害民財也如注之意指當如此先師旣爲前解故備載之任後哲擇焉○注變當至圍入○正義曰變與義相對是正禮明變是惡事故讀爲辯辯即正也以聲相近故致字誤云臣衞君宗廟者恐是臣之宗廟故云衞君宗廟致死按孝經云守其宗廟謂大夫家之宗廟此所以爲君宗廟者以人臣義則進不則退不可致死於已宗廟故爲君宗廟也孝經謂不被黜削恒得守之故爲已宗廟所據意異也○故聖人耐以天下爲一家以中國爲一人者非意之也必知其情辟於其義明於其利達於其患然後能爲之耐古能字傳書世異古字時有存者則亦有今誤矣意心所無慮也辟開也○耐音能辟婢亦反徐芳益反傳丈專反○【疏】故聖至爲之○正義曰此承上君死社稷以統於下然後能治其國因上生下故云故也聖人耐以天下爲一家以中國爲一人者此孔子說聖人所能以天下和合共爲一家能以中國共爲一人者問其所能致之意○非意之也者釋其能致之理所以能致者非是以意測度

謀慮而已須知其諸事謂以下之事。必知其情者謂必知民之情也則下文七情是也。辟於其義者謂開闢其義以教之則下文父慈子孝十者之類是也。明於其利者謂顯明利事以安之則下文講信脩睦是也。達於其患者謂曉達其禍患而防護之則下文爭奪相殺是也。然後能爲之者聖人必知此情義利患然後能使天下爲一家中國爲一人皆感義懷德而歸之。注耐古至開也。正義曰按說文云耐。者鬚。也鬚謂頤下之毛象形字也古者犯罪以髡其鬚謂之耐罪故字從寸寸爲法也以不虧形體猶堪其事故謂之耐漢書惠帝紀中具有其事古之能字爲此耐字取堪能之義故古之能字皆作耐字後來能字乃假借龍三足爲能是後世傳書世人殊異耐字悉作能也故云傳書世異今書雖悉作能或有作耐字者則此耐以天下爲一家及樂記云人不耐無樂仍作耐字是古字時有存者云則亦有今誤矣者今書雖存古字爲耐亦有誤不安寸直作而字則易屯彖云利建侯而不寧及劉向說苑能字皆爲而也是亦有今誤矣按鄭注樂記耐古能字後世變之此獨存焉古以能爲三台字兩注雖異其意同矣彼云後世變之即此傳書世異也彼云此獨存焉即此云古字時有存者云古以能爲三台字者謂今世以能字爲堪能之能古者以能字爲三台字是古今異也云意心所無慮者謂於無形之處用心思慮無慮卽慮無也宣十二年左傳云前茅慮無是備慮無形之處謂聖人以德義而感天下非是以意豫前無時以惻度思慮故云非意也一云心所無慮謂心無所思慮但知其情等而已○

○何謂人情喜怒哀懼愛惡欲七者弗學而能何謂人義父慈子孝兄良弟弟夫義婦聽長惠幼順君仁臣忠十者謂之人義講信脩睦謂之人利爭奪相殺謂之人患極言人事○惡烏路反下皆同弟弟上如字下音悌長丁丈反爭爭鬭之爭○故聖人之所以治人七情脩十義講信脩睦尚辭讓去爭奪舍禮何以治之唯禮可耳飲食男女人之大欲存焉死亡貧苦人之大惡存焉故欲惡者心之大端也

人藏其心不可測度也美惡皆在其心不見其色也欲一以窮之舍禮何以哉言人情之難知明禮之重○度大洛反○見賢遍反○【疏】何謂至以哉○正義曰此一節以上經情義利患四者聖人皆知之能有天下故此覆釋情義利患必須禮以治之又明人之欲惡在心難知若其舍禮無由可化○喜怒哀懼愛惡欲者案昭二十五年左傳云天有六氣在人爲六情謂喜怒哀樂好惡此之喜怒及哀惡與彼同也此云欲則彼云樂也此云愛則彼好也謂六情之外增一懼而爲七熊氏云懼則怒中之小別以見怒而怖懼耳六氣謂陰陽風雨晦明也按彼傳云喜生於風怒生於雨哀生於晦樂生於明好生於陽惡生於陰其義可知也○何謂人義父慈子孝兄良弟弟夫義婦聽長惠幼順君仁臣忠者此文先從親者爲始以漸至疏故長幼在後君臣處末按昭二十六年左傳云君令臣共父慈子孝兄愛弟敬夫和妻柔姑慈婦聽與此大同兄愛即此兄良也弟敬即此弟弟也夫和即此夫義也故彼云夫和而義妻柔即此婦聽也君令即此君仁也以仁恩而號令臣共即此臣忠也又隱三年左傳云君義臣行父慈子孝兄愛弟敬義亦同但傳之二

文皆以國家之事言之故先君臣後父子但異人之說既有
多少不皆同也○治人七情脩十義講信脩睦者七情好惡
不定故云治十義俱是義事故云脩信是深隱故須講睦恐
乖離故云脩各隨事立文也○欲惡者心之大端也者端謂
頭緒飲食男女是人心所欲之大端緒也死亡貧苦是人心
所惡之大端緒也○人藏其心不可測度者言人深心厚貌
內外乖違包藏欲惡之心既無形體不可測度而知故美惡
皆在其心外邊不見其色欲一窮之舍禮何以哉者一謂專
一窮謂窮盡言人君欲誠慤專一窮盡人美惡之情若舍去
其禮更將何事以知之哉禮所以知人心者有事於中心貌
必見於外若七情美善十義流行則舉動無不合禮若七
情違辟十義虧損則動作皆失其法故云舍禮何以哉○

故人者其天地之德陰陽之交鬼神之會五行之秀氣也

言人兼此氣性純也

〔疏〕故人至氣也○正義曰上既言禮知人情從此以下言人感天地鬼神而生聖王還因天地鬼神作其法則以化人所以人情萬物可知也○故人者天地之德者天以覆爲德地以載爲德人感覆載而生是天地之德也○陰陽之交者陰陽則天地也據其氣謂之陰陽據其形謂之天地獨陽

不生獨陰不成二氣相交乃生故云陰陽之交也○鬼神之會者鬼謂形體神謂精靈祭義云氣也者神之盛也魄也者鬼之盛也必形體精靈相會然後物生故云鬼神之會○五行之秀氣也者秀謂秀異言人感五行秀異之氣故有仁義禮知信是五行之秀氣也故人者天地之德陰陽之交是其氣也鬼神之會五行之秀是其性也故注云兼此氣性純也今按下文云鬼神以爲徒覆說此經鬼神不云陰陽鬼神者陰陽鬼神天地中物故不重陳鄭下注鬼神謂山川也此義未知孰是故兩存焉

○故天秉陽垂日星秉猶持也言天持陽氣施生照臨下也○

地秉陰竅於山川播五行於四時和而后月生也是以三五而盈三五而闕竅孔也言地持陰氣出內於山川以舒五行於四時此氣和乃后月生而上配日若臣功成進爵位也一盈一闕屈伸之義也必三五者播五行於四時也一曰水二曰火三曰木四曰金五曰土合爲十五之成數也○竅除苦弔反播彼佐反舒也五行四時絕句本亦作播五行於四時伸音升

五行之動迭相竭也五行四時十二

月還相爲本也五聲六律十二管還相爲宮也五味六和十二食還相爲質也五色六章十二衣還相爲質也

竭猶負載也言五行運轉更相爲始也五聲宮商角徵羽也其管陽曰律陰曰呂布十二辰始於黃鍾管長九寸下生者三分去一上生者三分益一終於南呂更相爲宮凡六十也五味酸苦辛鹹甘也和之者春多酸夏多苦秋多辛冬多鹹皆有滑甘是謂六和五色六章畫繢事也周禮考工記曰土以黃其象方天時變火以圜山以章水以龍鳥獸蛇雜四時五色之位以章之謂之巧也○迭大計反又田結反竭義作揭其列反負擔也還音旋下同六和戶臥反注同更古衡反下同徵張里反南事律名京房律始於執始終於南事凡六十繢戶對反圜音環又音圓

【疏】故天至質也○正義曰此一節以上經人稟天地陰陽鬼神五行而生此又述明天地之德及五行之氣也以陰陽鬼神是天地中物故不重陳但陳天地與五行耳○故天秉陽垂日星此論大德言天秉持陽氣垂懸日星以施生照臨於下也○地秉陰竅於山川此一經揔論地之德也謂地秉持於陰氣竅孔也爲孔於山

川以出納其氣也播五行於四時者播謂播散五行金木水
火土之氣於春夏秋冬之四時也○和而后月生也者若四
時不和日月乖度寒燠失所則月不得依時而生若五行四
時調和道度不失而后月依時而生也是以三五而盈三五
而闕者以其依時得節是以三五十五日而得盈滿又三五
十五日而虧闕也日無虧闕之理故前經天德直言垂日星
地既播五行之氣月有虧盈之理故須備言之故畧於天德
而詳於地德也○五行之動迭相竭也前經論天地既畢故
此更論五行之動動謂運轉竭謂負載言五行運轉迭相負
竭猶若春時木王則水爲終謝迭往王者爲負竭夏火王則
負竭於木也○五行四時十二月還相爲本也猶若孟春則
建寅之月爲諸月之本仲春則以建卯之月爲諸月之本是
還迴迭相爲本也○五聲六律十二管還相爲宮也五聲謂
宮商角徵羽六律謂陽律也舉陽律則陰呂從之可知故十
二管也十一月黄鍾爲宮十二月大呂爲宮是還迴迭相爲
宮也○五味六和十二食還相爲質也五味爲酸苦辛鹹加
之以滑與甘爲六和也每月之首各以其物爲質是十二月
之食還相爲質也五色六章十二衣還相爲質也五色謂青
赤黄白黑據五方也六章者兼天玄也以玄黑爲同色則五
中通玄纘以對五方則爲六色爲六章也爲十二月之衣各

以色爲質故云還相爲質也○注竅孔至數也○正義曰地持陰氣出納於山川氣有陰氣陽氣皆出於地地體是陰故雖陽氣亦摠謂之陰氣也云以舒五行於四時者謂氣在地中含藏聚斂出於地則舒散故云舒五行於四時也定本無於字直云播五行四時謂宣播五行及四時也五行四時者以金木水火各爲一行土無正位分寄四時故云播五行於四時也云此氣和乃后月生而上配日若臣功成進爵位也者此氣謂此五行之氣凡月體之生稟於日光若氣之不和日月行度差錯失於次序則月生不依其時若其五行氣和則月依其時而生上配日也猶若治理得所臣之功成進受爵位上配君也云一盈一闕屈伸之義也者盈謂月光圓滿若臣之進受高位是其伸也闕謂月光虧損若臣之退就下位是其屈也云一曰水二曰火以下是尚書洪範文也積一二三四五摠爲十五也○注竭猶至巧也○正義曰竭是擔竭之名故爲負戴負爲背負戴謂頭戴也云言五行運轉更相爲始也者解負戴之義也物之在人上謂之爲負戴氣之過去在上者其在下者亦負戴也春爲木王負戴於水夏爲火王負戴於木秋爲金王負戴於火冬爲水王負戴於金是也更相爲始負戴前氣也云其管陽曰律陰曰呂布十二辰始於黃鍾管長九寸下生者三分去一上生者三分益一皆

律厤志文云終於南呂更相爲宮凡六十也者以十二管更相爲宮以黃鍾爲始當其爲宮備有五聲言黃鍾下生林鍾林鍾上生大蔟大蔟下生南呂南呂上生姑洗姑洗下生應鍾應鍾上生蕤賔蕤賔上生大呂大呂下生夷則夷則上生夾鍾夾鍾下生無射無射上生中呂此則相生之次也隨其相生之次每辰各自爲宮各有五聲十二管相生之次至中呂而帀黃鍾爲第一宮下生林鍾爲徵上生大蔟爲商下生南呂爲羽上生姑洗爲角林鍾爲第二宮上生大蔟爲徵下生南呂爲商上生姑洗爲羽下生應鍾爲角大蔟爲第三宮下生南呂爲徵上生姑洗爲商下生應鍾爲羽上生蕤賔爲角南呂爲第四宮上生姑洗爲徵下生應鍾爲商上生蕤賔爲羽上生大呂爲角姑洗爲第五宮下生應鍾爲徵上生蕤賔爲商上生大呂爲羽下生夷則爲角應鍾爲第六宮上生蕤賔爲徵上生大呂爲商下生夷則爲羽上生夾鍾爲角蕤賔爲第七宮上生大呂爲徵下生夷則爲商上生夾鍾爲羽下生無射爲角大呂爲第八宮下生夷則爲徵上生夾鍾爲爲商下生無射爲羽上生中呂爲角夷則爲第九宮上生夾鍾爲徵下生無射爲商上生中呂爲羽上生黃鍾爲角夾鍾爲第十宮下生無射爲徵上生中呂爲商上生黃鍾爲羽下生林鍾爲角無射爲第十一宮上生中呂爲徵上生黃鍾爲

商下生林鍾爲羽上生大蔟爲角中呂爲[illegible]十[illegible]宮上生黃
鍾爲徵下生林鍾爲商上生大蔟爲羽下生南呂爲角是十
二宮各有五聲凡六十聲南呂最處於末故云終於南呂以
此言之則南呂爲是然諸本及定本多作終於南事則是京
房律法按漢元帝時郎中京房知五音十二律之數上使大
子大傅韋玄成等親試問房於樂府房對受學故小黃令焦
延壽等。六十律相生之法以上生下皆三生二以下生上皆
三生四陽下生陰陰上生陽終於中呂而十二律畢矣中呂
上生執始執始下生去滅上下相生終於南事六十律畢矣
夫十二律之變至於六十猶八卦之變至於六十四也宓犧
作易紀陽氣之初以爲律法建日冬至之聲以黃鍾爲宮大
蔟爲商姑洗爲角林鍾爲徵南呂爲羽應鍾爲變宮蕤賓爲
變徵此聲氣之元五音之正也故各統一日。其餘以次運行
當月者各自爲宮而商徵以類定。焉禮運篇曰五聲六律十
二管還相爲宮此之謂也以六十律分一期之日黃鍾自冬
至始及冬至而後陰陽寒燠風雨之占生焉於以檢攝羣音
考以。其高下黃鍾下生林鍾黃鍾爲宮大蔟爲商林鍾爲徵
一日律九寸色育下生謙待色育爲宮未知商謙待徵六日
律八寸九。分。分。微強執始下生去滅執始爲宮時息商去滅
徵六日律八寸八分小分八。弱丙盛下生安度丙盛爲宮屈

齊商安度徵六日律八寸七分小分六徵弱分勳下生歸嘉
分勳爲宮隨期商歸嘉徵六日律八寸六分小分四強質末
下生否與質末爲宮刑晉商否與徵六日律八寸五分小分
二強大呂下生夷則大呂爲宮夾鍾商夷則徵八日律八寸
四分小分三弱分否下生解刑分否爲宮開時商解刑徵八
日律八寸三分小分一強陵陰下生去南陵陰爲宮侯嘉商
去南徵八日律八寸二分一少弱少出下生分積少出爲宮
爭南商分積徵六日律八寸小分九強大蔟下生南呂大蔟
爲宮姑洗商南呂徵一日律八寸未知下生白呂未知爲宮
南授商白呂徵六日律七寸九分小分八強時息下生結躬
時息爲宮變虞商結躬徵二日律七寸八分小分九強屈齊
下生歸期屈齊爲宮路時商歸期徵七日律七寸七分小分
九強隨期下生未卯隨期爲宮刑始商未卯徵六日律七寸
六分小分八強刑晉下生夷汗刑晉爲宮依行商夷汗徵六
日律七寸五分小分八弱夾鍾下生無射夾鍾爲宮中呂商
無射徵六日律七寸四分小分九強開時下生閉掩開時爲
宮南中商閉掩徵七日律七寸三分小分九徵強侯嘉下生
鄰齊侯嘉爲宮內負商鄰齊徵七日律七寸一分小分九徵
強爭南下生期保爭南爲宮撼應商期保徵七日律七寸一
分小分九強姑洗下生應鍾姑洗爲宮蕤賓商應鍾徵一日

律七寸一分小分一微強南授下生分烏南授爲宮南事商
分烏徵六日律七寸小分九大強變虞下生遲内變虞爲宮
盛變商遲内徵六日律七寸小分一。強路時下生未育路時
爲宮離躬商未育徵六日律七寸九分小分二微強刑始下
生遲時刑始爲宮制時商遲時徵五日律六寸八分小分三
弱依行上生色育依行爲宮嫌。待商色育徵七日律六寸七
分小分三大強中呂上生執始中呂爲宮去滅商執始徵八
日律六寸六分小分六弱南中上生丙盛南中爲宮安度商
丙盛徵七日律六寸五分小分七微弱内負上生分動内負
爲宮歸嘉商分動徵八日律六寸四分小分八。強摠應上生
質未摠應爲宮否與商質未徵七日律六寸三分小分九。強
䅡賓上生大呂䅡賓爲宮夷則商大呂徵一日律六寸三分
小分二微強南事下生南事窮無商徵不爲宮七日律六寸
三分小分一弱盛變上生分否盛變爲宮解刑商分否徵七
日律六寸二分小分三大強離躬上生陵陰離躬爲宮去南
商陵陰徵七日律六寸一分小分五微強制時上生少出制
時爲宮分積商少出徵八日律六寸小分七。弱林鍾上生大
蔟林鍾爲宮南呂商大蔟徵一日律六寸謙待上生未知謙
待爲宮白呂商未知徵五日律五寸九分小分九弱去滅上
生時息去滅爲宮結躬商時息徵七日律五寸九分小分三

弱安度上生屈齊安度爲宮歸期商屈齊徵六日律五寸八
分小分四。弱歸嘉上生隨期歸嘉爲宮未卯商隨期徵六日
律五寸七分小分六徵強否與上生刑晉否與爲宮夷汗商
刑晉徵五日律五寸六分小分八。強夷則上生夾鍾夷則爲
宮無射商夾鍾徵八日律五寸六分小分二弱解刑上生開
時解刑爲宮開掩商開時徵八日律五寸五分小分四強去
南上生侯嘉去南爲宮鄰齊商侯嘉徵八日律五寸四分小
分六大強分積上生爭南分積爲宮期保商爭南徵七日律
五寸三分小分九。強南呂上生姑洗南呂爲宮應鍾。姑洗徵
一日律五寸二分小分三強白呂上生南授白呂爲宮分烏
商南授徵五日律五寸三分小分二強結躬上生變虞結躬
爲宮遲内商變虞徵七日律五寸二分小分六強歸期上生
路時歸期爲宮未育商路時徵六日律五寸一分小分九徵
強未卯上生刑始未卯爲宮遲時商刑始徵六日律五寸一
分小分二徵強夷汗上生依行夷汗爲宮色育商依行徵五
日律五寸小分五強無射上生中呂無射爲宮執始商中呂
徵八日律四寸九分小分九。強閉掩上生南中閉掩爲宮丙
盛商南中徵八日律四寸九分小分二。弱鄰齊上生内負鄰
齊爲宮分勳商内負徵七日律四寸八分小分六徵強期保
上生揔應期保爲宮質未商揔應徵八日律四寸七分小分

九徵強應鍾上生蕤賓應鍾爲宮大呂商蕤賓徵一日律四寸九分小分四徵強分烏上生南事分烏窮次無徵不爲宮七日律四寸七分小分三微強遲內上生盛變遲內爲宮分否商盛變徵八日律四寸六分小分八弱未育上生離躬未育爲宮陵陰商離躬徵八日律四寸六分小分一少強遲時上生制時遲時爲宮少出商制時徵六日律四寸五分小分五弱又京房易云十二律得位者生五子失位者生三子不失不得生四子五律得位各生五子謂黃鍾大蔟姑洗林鍾南呂也五五二十五并本五凡三十也失位者生三子亦五律謂大呂夾鍾中呂夷則無射三五十五并本五凡二十二十就三十合成五十也不得不失者生四子謂蕤賓應鍾也二四爲八并本二爲十也十就五十合爲六十也言其得位者謂以陽居陽以陰居陰失位者謂以陽居陰以陰居陽不失不得者處陰陽交際之間也又黃鍾大蔟等七律各統一日自爲宮其餘五十三律隨所生日六七等爲其日之宮則周一期日數如京房所述然其所生者則黃鍾生色育執始大呂生分否陵陰之類是也其上生三分益一下生三分損一皆漢書律厤志文云春多酸夏多苦秋多辛冬多鹹皆有滑甘周禮食醫之文以四時有四味皆有滑有甘益之爲六也是爲六和也云五色六章畫繢事也者繢猶畫也然初畫

曰畫成文曰繢鄭注司服云畫以爲繢是也云周禮考工記曰至謂之巧也證繢畫有五色六章也土以黄其象方者言若畫作土必黄而四方之象地之黄而方鄭注古人之象無天地也爲此記者見時有之耳云天時變者畫作天則無定色是隨四時色而爲之也鄭司農云畫天隨四時色云火以圜者鄭司農云爲圜形似火鄭康成云形如半環然云山以章者鄭康成云獐山物也云水以龍者鄭云龍水物云鳥獸蛇者鄭康成云所謂華蟲也蟲之毛鱗有文采者云雜四時五色之位以章之謂之巧者鄭康成云章明也繢繡皆用五采鮮明之是爲巧庚云鄭注考工記以六章爲當時行非古人之象而引之以會此者明亦周制也其十二管每月各一得有還相爲宫其事可明其食與衣服唯有四時之異故周禮春多酸謂月令食麥與羊春三月其食皆同夏秋冬亦然無月别之異故月令云春衣青衣夏衣亦衣三月俱同亦無每月之異此云十二食十二衣似月月别各别衣食者熊氏云此是異代之法故與周禮月令不同或則每時三月衣食雖同大揔言之一歲之中有十二月之異故揔云十二也

○故人者天地之心也五行之端也食味别聲被色而生者也此言兼氣

性之效也○别彼列反被皮義反徐法義反

故聖人作則必以天地為本以陰陽為端以四時為柄以日星為紀月以為量鬼神以為徒五行以為質禮義以為器人情以為田四靈以為畜

天地以至於五行其制作所取象也禮義人情其政治也四靈者其徵報也此則春秋始於元終於麟包之矣呂氏說月令而謂之春秋事類相近焉量猶分也鬼神謂山川也山川助地通氣之象也器所以操事田人所捊治也禮之位賓主象天地介僎象陰陽四面之位象四時三賓象三光夫婦象日月亦是也○柄本又作枋兵命反量音亮下同畜許又反下同治直吏反麟良人反近附近之近操七刀反捊薄侯反徐音普溝反介僎上音界下音遵

【疏】故人至為畜○正義曰此一節以前文論人稟天地五行氣性而生此以下論稟氣性之有效驗各依文解之○故人者天地之心也者天地高遠在上臨下四方人居其中央動静應天地天地有人如人腹內有心動静應人也故云天地之心也王肅云人於天地之間如五藏之有心矣人乃生之

最靈其心五藏之最聖也○五行之端也者端猶首也萬物
悉由五行而生而人最得其妙氣明仁義禮智信爲五行之
首也王云端始用五行者也○食味者人既是天地之心五
行之端故有此下之事也五行各有味人則並食之别聲者
五行各有聲人則含之皆有分别也○被色者五行各有色
人則被之以生也被色謂人含帶五色而生者也五行有此
三種最爲彰著而人皆稟之以生故爲五行之端者也然味
言食聲言别色言被各别隨義爲言也○注此言兼氣性之
効也○正義曰此並是五行彰著之事而人氣性有之故云
兼氣性之効也然前注五行秀氣亦言兼此氣性純而此云
氣性効者前明之始此明之末以末故云効効猶驗實也即
五味五聲五色是其効也○故聖至爲畜○故聖人作則必
以天地爲本則法也本根本也人既是天地之心又帶五色
五行五味故聖人作法必用天地爲根本也祭帝於郊祭社
於國是用天地爲本也然則自此至四靈以爲畜凡十句分
爲三重此至五行以爲質七句明聖人制教所法象也又自
禮義人情二句明聖人爲治政之時事也又四靈一句明徵
報之功也○以陰陽爲端者端猶首也用天地爲根本又自
陰陽爲端首也猶如劒戟以近柄處爲根本以鋒杪爲端首
也聖人制法左右法陰陽及賞以春夏刑以秋冬是法陰陽

爲端首也○以四時爲柄者春生夏長秋斂冬藏是法四時
爲柄也劍戟須柄而用之聖人爲教象須法四時而通也○
以日星爲紀者紀綱紀也日行有次度星有四方列宿分部
昏明敬授民時是法日星爲綱紀也○月以爲量者量猶分
限也天之運行每三十日爲一月而聖人制教亦隨人之才
分是法月爲教之限量也○鬼神以爲徒者謂山川鬼
神助地以通氣是以爲地之徒屬聖王象之樹立羣臣助已
以施教爲已徒屬也○五行以爲質者質體也五行循迴不
停周而復始聖人爲教亦循還復始是法五行爲體也○禮
義以爲器者此以下二句明聖人爲治政時事也上既有法
象爲先故可執禮義爲器用如農夫之執耒耜也○人情以
爲田者禮義以爲器可耕於人情人情得禮義之耕如田得
耒耜之耕也○四靈以爲畜者此一句明徵報也聖人既法
象天地用禮義耕人情故獲天地應以徵報也四靈並至聖
人畜之如人養牛馬爲畜然自天地爲本至此凡十句上四
句皆以以字在於事上從月以爲量以下六句以字置於事
下者上明天道事遠故以字在事上連於天也後明地道之事
近故以字居下欲連於人按前經云人者天地之德陰陽之
交鬼神之會五行之秀氣備論四者此經云天秉陽覆說天
有日星次經云地秉陰地有四時并有月也次經云五行之

動覆說五行也於前天地陰陽鬼神五行之中唯說天地與五行舉其大者此經揔覆前事故云以天地爲本以陰陽爲端以四時爲柄以日星爲紀月以爲量鬼神以爲徒五行以爲質皆覆說前事禮義以爲器覆說上舍禮何以哉○人情以爲田覆說上人情也四靈以爲畜一句論若行以前諸事施之得所則四靈報應也○注天地至是也○正義曰天地以至於五行制作所取象也者天地陰陽四時日星月量鬼神五行等皆外物非人所行故云所取象也謂聖人所法象以爲教也云禮義人情其政治也者此是人親自行故云其政治謂聖人行之爲政以治天下也云此則春秋始於元終於麟包之矣者言此一經初以天地爲本終以四靈爲畜是當春秋始於元年終於獲麟也包之者謂春秋元年以後獲麟以前包籠此天地陰陽四時星辰日月之等按春秋書元年春王正月公即位爲五始元者氣之始則天地也春者四時之始則四時也王者政教之始則禮義也正月者十二月之始則月以爲量也公即位者即一國之始亦禮義也熊氏云春秋書郊祭天是天也書地震是地也書冬無冰是陽也書大雨雹是陰也書春夏秋冬是四時也又四時陰陽也隱元年公子益師卒公不與小斂故不書日春秋記事皆書日是日也莊七年恒星不見是星也春秋記事皆有月是月也

僖十四年沙鹿崩成五年梁山崩是鬼神也桓二年取郜大
鼎是金也成十六年雨木冰是木也桓元年秋大水是水也
宣十六年成周宣榭火是火也莊二十九年城諸及防是土
也金木水火土即五行也春秋得禮則褒失禮則貶是禮義
也桓元年公即位先君被弒而行即位安忍其喪其情惡也
莊元年不書即位文姜出不忍行即位之禮其情善也此是
人情也哀十四年西狩獲麟是四靈爲畜也云呂氏說月令
而謂之春秋事類相近焉者呂氏謂呂不韋也說十二月之
令謂爲呂氏春秋事之倫類與孔子所脩春秋相附近焉月
令亦載天地陰陽四時日月星辰五行禮義之屬故云相近
也云器所以操事者操執也謂操執所爲之事若手秉耒耜
耕田之事手操執之云用人所捋治也者捋謂以手捋聚即
耕種耘鋤也即上汙尊而抔飲之類也云禮之位至三光是
鄉飲酒義文賓於西北象天主於東南象地介是賓副坐於
西南象天嚴凝之氣始於西南僎是主人之觀禮者坐於東
北象陽氣之始是介僎象陰陽主人在阼階西面賓在戶西
南面介在西階東面僎在房戶之間南面以四者位殊故爲
四面之位象四時云三賓者衆賓三人在正賓西南面是爲
三賓也禮器云君在阼夫人在房象日月也云亦是也者以
禮之取象其數非一以無正文故取此義而明之故云亦是

言亦是法象之義也以天地爲本故物可舉也物天地所養生以陰陽爲端故情可睹也情以陰陽通也。睹丁古反以四時爲柄故事可勸也事以四時成。以日星爲紀故事可列也事以日與星爲候興作有次第月以爲量故功有藝也藝猶才也十二月各有分猶人之才各有所長也藝或爲倪。倪五計反視也鬼神以爲徒故事有守也山川守職不移五行以爲質故事可復也事下竟復由上始也禮義以爲器故事行有考也考成也器利則事成人情以爲田故人以爲奧也奧猶主也田無主則荒。四靈以爲畜故飲食有由也由用也四靈與羞物爲羣疏以天至由也。正義曰此一節覆明前經諸事若行諸事治理皆應則萬事得成也以天地爲本故萬物可舉也天地生養萬物今本天地而爲政教故萬物可舉而興也○以陰陽爲端故人情可睹也人情與陰陽相通今法陰陽爲教故人情無隱所以可睹見也○以四時爲柄故事可勸也生長收藏隨時無失故民不假督勵而事自勸成也○以日星爲紀故事可列也列猶次第也日中星鳥敬授民時無失早晚故民事有次第也○月以爲量故功有藝也藝猶才也十二月限分猶人才各有所長聖人隨人才而教之則人竭其才之所長而爲功故云功有藝也○鬼神以爲徒故事有守也山川鬼神各有分職不移今爲教引鬼神爲徒屬則事無失業故云事有守也○五行以爲質故事可復也五行周而復始進迴無窮爲教法則此則事必不絶故云可復復反也○禮義以爲器故事行有考也考成也工欲善其事必先利其器若治國用禮義爲器是器之利者故所治之事行必有成也○人情以爲田故人以爲奧也上人是人民下人是聖人奧主也田無主則荒廢故用人爲主今以人情爲田用聖人以爲田主則人情不荒廢也○四靈以爲畜故飲食有由也由用也靈是衆物之長長既至爲聖人所畜則其屬並隨其長而至得以充庖廚是飲食有用也○注情以陰陽通也○正義曰按易文言云同聲相應同氣相求水流濕火就燥是萬物之情因陰陽而通也○注事下竟復由上始也○正義曰五行相次終而復始凡所營爲之事亦終而復

始故云事下竟復由上始也謂事於下終未竟了更復從上而始也○注考成至事成○正義曰考成也釋詁文論語云工欲善其事必先利其器是器利則事成也○何謂四靈麟鳳龜龍謂之四靈故龍以爲畜故魚鮪不淰鳳以爲畜故鳥不獝麟以爲畜故獸不狘龜以爲畜故人情不失淰之言閃也獝狘飛走之貌也失猶去也龜北方之靈信則至矣○鮪于軌反魚名淰音審徐舒冉反獝字又作獝况必反狘况越反閃失冉反

疏 何謂至不失○正義曰此一經以上有四靈之文更復解四靈之事故記人假問荅以明四靈也何謂四靈麟鳳龜龍謂之四靈者問荅四靈名也謂之靈者謂神靈以此四獸皆有神靈異於他物故謂之靈○故龍以爲畜故魚鮪不淰解飲食有由之義也淰水中驚走也魚鮪從龍者龍既來爲人之畜故其屬見人不淰然驚走也○鳳以爲畜故鳥不獝獝驚飛也鳥從鳳來鳳既來爲人之畜故其屬見人不獝然驚飛也○麟以爲畜故獸不狘狘驚走也獸從麟者麟既來爲人之畜故其屬見人不狘然驚走也龜以爲畜故人情不失以龜

知人情龜既來應人知人情善惡故人各守其行其情不失
也然上三靈皆言其長來而族至則此應云龜以爲畜而甲
族馴狎今獨云其感信而至者與上三族相互也此言感信
則上亦感仁義禮而至也但因龜是知人情之易見者故就
龜而言耳又初陳四靈麟在初者孔子獲麟記者隨時所見
爲先也後列以龍爲首依四方之舊次也○注淰之至至矣
正義曰已讀淰爲閃者淰是水中之形狀故字從水閃是忽
有忽無故字從門中人也人在門或見或不見猶見飛而獝
起狘是狘然驚走故云獝狘飛走之貌也云龜北方之靈信
則至矣者按月令冬云其蟲介注云龜鼈之屬則龜爲水蟲
水主信故信則至知水主信者易乾鑿度云陽氣合閉信之
類故北方水爲信水既爲信則土爲知也故乾鑿度云四時
之義皆法中央中央土者可以兼四方之行知之決也是土
爲知但水土二行俱有信知故樂緯云宮致鳳皇身信羽致
幽昌身知又中庸注云水神則信土神則知是土水俱有信
知龜屬北方水大戴禮及樂緯云介蟲三百六十龜爲長鱗蟲
三百六十龍爲長羽蟲三百六十鳳爲長毛蟲三百六十麟
爲長按月令春其蟲鱗則龍屬東方木也夏其蟲羽則鳳屬
南方火也秋其蟲毛則麟屬西方金也按異義說左氏者以
昭二十九年傳云水官不脩故龍不至以水生木故爲脩母

致子之説故服虔注獲麟云麟中央土獸土爲信信禮之子脩其母致其子視明禮脩而麟至思睿信立而白虎擾言從又成而神龜在沼聽聰知正則名川出龍貌恭性仁則鳳皇來儀又毛詩傳云麟信而應禮又云騶虞義獸有至信之德則應之皆爲以脩母致子之義也若鄭康成之説則異於此脩當方之事則當方之物來應故異義公羊説哀十四年獲麟此受命之端周亡失天下之異左氏説麟是中央軒轅大角獸孔子脩春秋者禮脩以致其子故麟來爲孔子瑞陳欽説麟西方毛蟲孔子作春秋有立言西方兊兊爲口故麟來許慎謹按公議郎尹更始待詔劉更生等議石渠以爲吉凶不並瑞災不兼今麟爲周亡天下之異則不得爲瑞以應孔子至玄之聞也洪範五事二曰言言作從從作乂乂治也言於五行屬金孔子時周道衰亡已有聖德無所施用作春秋以見志其言少從以爲天下法故應以金獸性仁之瑞賤者獲之則知將有庶人受命而行之受命之徵已見則於周將亡事勢然也興者爲瑞亡者爲災其道則然何吉凶不並瑞災不兼之有乎如此脩母致子不若立言之説密也如鄭此説從陳欽之義以孔子有立言之教故致其方毛蟲熊氏申鄭義云若人臣官脩則脩母致子之應左氏之説是也若人君脩其方則當方來應孔子脩春秋爲素王法以立言故西

方毛蟲來應未知然否且具錄焉或以脩母致子康成所以
不用也故異義公羊說麟木精左氏說麟中央軒轅大角之
獸陳欽說麟是西方毛蟲許慎謹按禮運云麟鳳龜龍謂之
四靈龍東方也虎西方也鳳南方也龜北方也麟中央也鄭
駁云古者聖賢言事亦有効三者取象天地人四者取象四
時五者取象五行今云麟鳳龜龍謂之四靈是則當四時明
矣虎不在靈中空言西方虎者麟中央得則無近誣乎如鄭
此言是麟非土精然脩母致子之義也四靈配四方如上所
說若其取象理有多途虎雖屬西方以其淺毛得屬中央土
也故月令中央土其蟲倮注云虎豹之屬恒淺毛又於陰陽
虎屬寅是也麟屬東方取其性仁則屬木也故公羊說麟者
木精鄭云金九以木八為妻其性義木性仁得陽氣性似父
得陰氣性似母麟毛蟲得木八之氣而性仁鶡冠子云麟北
方玄枵之獸是取象不一也鳳屬南方亦屬中央故樂緯云
官致鳳皇是也龜屬北方亦屬東方五行傳云一曰貌時有
龜孽是也龍屬東方亦屬天五行傳云皇之不極則有龍蛇
之孽是也五行傳又云二曰言時則有介蟲之孽三曰視時
則有倮蟲之孽是取象既多理非一概今以煩而無用故不
備言其數也釋獸云麐麕身牛尾一角京房易傳云麟麕身
牛尾馬蹄有五采腹下黃高丈二廣雅云麒麟狼頭肉角含

仁懷義音中鍾呂行中規矩遊必擇地詳而後處不履生蟲
不折生草不羣居不侶行不入檻穽不入羅網文章斌斌故
呼爲大角
之歎也○故先王秉蓍龜列祭祀瘞繒宣祝
嘏辭說設制度故國有禮官有御事有職禮
有序皆卜筮所造置也埋牲曰瘞幣帛曰繒宣猶揚也繒
或作贈○蓍音尸瘞於例反一音於器反繒本又作
增同似仍反又則
登反又似登反○故先王患禮之不達於下也
患下不疏故先至有序○正義曰此一節論上既言龜知
信也○人情故此言卜筮所造置之事故先王有事秉
蓍龜龜既知人情因美龜德也先王聖人將有大事必秉執
蓍龜而問吉凶言蓍者凡卜皆先筮故兼言之也○列祭祀
自此至禮有序皆秉蓍龜事也陳列祭祀謂郊廟以下皆用
卜筮也瘞繒者瘞埋也謂祀地埋牲也祭法云瘞埋於泰折
祭地也幣帛曰繒繒之言贈也謂埋告又贈神也○宣祝嘏
辭說宣揚也祝嘏有舊辭更宣揚告神也○設制度謂造宮
室城隍車旗之屬也○故國有禮上諸事既並用卜筮故國
家必有其禮也○官有御國既有禮故百官各御其事也○

事有職官既有御故百事各有職主也○禮有序者凡所行禮皆有次序也○故先王患禮之不達於下也○正義曰此一經爲下生文雖並用卜筮而民下猶未見信先王患之更爲下諸事使達下也○故祭帝於郊所以定天位也祀社於國所以列地利也祖廟所以本仁也山川所以儐鬼神也五祀所以本事也故宗祝在廟三公在朝三老在學王前巫而後史卜筮瞽侑皆在左右王中心無爲也以守至正此所以達禮於下也教民尊神慎居處也宗宗人也瞽樂人也侑四輔也○儐皇音賓敬也舊必信反朝直遥反下同筮市制反瞽音古侑音又○【疏】故宗至至正○正義曰此一節論上云禮有序故記人因說禮須達下之事○故祭帝於郊所以定天位也者天子至尊而猶祭於郊以行臣禮而事天也是欲使嚴上之禮達於下天高在上故云定天位也亦即是必本於天也○祀社於國所以列地利也者天子至尊

而猶自祭社欲使報恩之禮達於下也地出財故云列地利也亦即是命降于社之謂殺地也○祖廟所以本仁也者王在宗廟以子禮事尸是欲使仁義之教達於下也亦即降于祖廟之謂仁義○山川所以儐鬼神也者王自祭山川是欲使儐敬鬼神之教達於下也儐敬也亦即是降於山川之謂興作也○五祀所以本事也者王自祭五祀是欲使本事之教達於下也五祀是制度故云本事也亦即是降於五祀之謂制度也○故宗祝在廟者前明因事鬼神使禮達於下此明因委於人使禮達於下也宗宗伯也祝大祝也王在宗廟則委於宗祝示不自專以達下也○三公在朝者在朝職事則委任三公也○三老在學乞言則受之三老○王前巫者若王弔臨則前委於巫也而後史者動則左史書之言則右史書之不敢爲非也既言前巫故云後史也卜筮瞽侑皆在左右者卜筮主決疑瞽是樂人主和也侑是四輔典於規諫者也示不自專故並置左右也○王中心無爲也以守至正者既祭祀尊神及委任得人故中心無爲以守至正之道也○注此所至輔也○正義曰自祭帝於郊至五祀所以本事是祭祀尊神也自宗祝在廟至皆在左右是慎居處也左輔右弼前疑後丞皆侑勸人君爲善故以侑爲輔其四輔之義已具於文王世子 ○故禮行於郊

而百神受職焉禮行於社而百貨可極焉禮行於祖廟而孝慈服焉禮行於五祀而正法則焉言信得其禮則神物與人皆應之百神列宿也百貨金玉之屬○應應對之應宿音秀故自郊社祖廟山川五祀義之脩而禮之藏也脩猶飾也藏若其城郭然○藏如字徐才浪反

疏 故禮至藏也○正義曰此一節論上文禮既達於下有功而見徵應○故禮行於郊而百神受職焉者百神天之羣神也王郊天備禮則星辰不忒故云受職○禮行於社而百貨可極焉王祀社盡禮則五穀豐稔金玉露形盡爲國家之用故云可極焉○禮行於祖廟而孝慈服焉王祭廟盡禮而天下皆服行孝慈也詩云無思不服是也王云孝慈之道爲遠近所服也○禮行於五祀而正法則焉王祭五祀以禮而天下法則各得其正也然前有山川與作此不言者法則之事包之也故自郊社祖廟山川五祀義之脩而禮之藏也此此經覆說祭在上諸神是義之脩飾禮之府藏也○是故夫禮必本於大一分而

爲天地轉而爲陰陽變而爲四時列而爲鬼神其降曰命聖人象此下之以爲教令○大音泰下注同○其官於天也官猶法也此聖人所以法於天也○

疏是故至天也○正義曰此一節論上言禮既藏於郊社天地之中是故制禮必本於天以爲教也○必本於大一者謂天地未分混沌之元氣也極大曰天未分曰一其氣既極大而未分故曰大一也禮理既與大一而齊故制禮者用至善之大理以爲教本是本於大一也○分而爲天地者混沌元氣既分輕淸爲天在上重濁爲地在下而制禮者法之以立尊卑之位也○轉而爲陰陽者天地二形既分而天之氣運轉爲陽地之氣運轉爲陰而制禮者貴左以象陽貴右以法陰又因陽時而行賞因陰時而行罰也○變而爲四時者陽氣則變爲春夏陰氣則變爲秋冬而制禮者吉禮則有四面之坐四時有恩理節權是法四時也列而爲鬼神者鬼神謂生成萬物鬼神也四時變化生成萬物皆是鬼神之功聖人制禮則陳列鬼神之功以爲教也○其降曰命者降下也言聖人制禮皆仰法大一以下之事而下之以爲教命也○其官於天也者結之也官猶法也言聖人所以下爲教命者皆是取法於天也

○夫禮必本於天本於大一與天之義動而之地後法地也列而之事後法五祀五祀所以本事也○變而從時後法四時協於分藝協合也也言禮合於月之分猶人之才也○合於月之分本或作日月之分日衍字其居人也曰養養當爲義字之誤也下之則爲教令居人身爲義孝經說曰義由人出○養音義出注○其行之以貨力辭讓飲食冠昏喪祭射御朝聘貨摯幣庭實也力筋骸强者也不則僵罷○冠古亂反摯本又作贄音至罷音皮

疏夫禮至朝聘○正義曰此一節論上本說禮從天地四時五行而生也而教於人故此以下論人用之以行刑罰冠昏朝聘之等皆得其宜也○夫禮必本於天謂本於大一與上天也謂行至誠大道是本大一效天降命是本於天也○動而之地祀社於國是也○列而之事謂五祀即五祀所以本事是也○變而從時時四時也則四時以爲柄是也○協於分藝協合也是日月之量也藝人之才也言制禮以月爲量合人才之長短也○其居人也曰養者養宜也言制度以上諸事之禮居人中身則人得其宜

也○其行至朝聘此皆居人身曰義之禮也謂諸禮皆須義行故云行也貨庭實也力筋力拜伏也辭。賓主三辭三讓飲食饗食之屬也冠冠二十成人而冠昏三十而取射五射御五馭朝五年朝及諸侯自相朝相見之禮聘謂此年一小聘三年一大聘言人若有義在身則能行此諸禮也○注養當至人出○正義曰知養當爲義者以上云義之脩禮之藏下云聖人陳義以種之又云義者藝之分仁之節故知養當爲義也按聖證論王肅以下云穫而弗食食而弗肥字宜曰養家語曰其居人曰養鄭必破爲義者馬昭云立人之道曰仁與義又此云禮義者人之大端下毎云義故知養當爲義也張融謹案亦從鄭說云下之則爲教令居人身爲義者鄭爲此注欲明改養爲義之意言法天地山川下教於民者則爲教令法天地山川居在人身之中者則爲義事是不得爲養也引孝經說曰義由人出者證義從人身而出也○故

禮義也者人之大端也所以講信脩睦而固人之。肌膚之會筋骸之束也所以養生送死事鬼神之大端也所以達天道順人情之大

竇也竇孔穴也○竇音豆○故唯聖人爲知禮之不可以已也故壞國喪家亡人必先去其禮言愚者之反聖人也○壞音怪又呼怪反喪息浪反【疏】故禮至其禮○正義曰此一節論上文說禮爲治理之本故今說禮不可去之事○注竇孔穴也○正義曰按哀元年左傳云逃出自竇又箄門閨竇是竇孔穴也孔穴開通人之出入禮義者亦是人之所出入故云達天道順人情之大竇也故禮之於人也猶酒之有糵也君子以厚小人以薄皆得以爲美味性善者醇耳○糵魚列反醇市春反【疏】故禮至以薄○正義曰此一節論上云禮不可去故次云禮之在人有厚薄之事○禮之於人也猶酒之有糵也者禮不可以已之故在人譬如釀酒須用麴糵則成酒無麴糵則酒不成人無禮則敗壞也○君子以厚小人以薄者君子譬精米嘉器也小人譬麄米弊器言譬如釀酒共用一麴分半持釀精米嘉器則其味醇和一半釀麤米弊器則其味醨薄亦猶如禮自是一耳行之自有厚薄若君子性識純深得禮而彌深厚小人智慮淺薄得禮自虛薄者也○故聖

王脩義之柄禮之序以治人情治者。瑕穢養菁華也○菁子丁反故人情者聖王之田也脩禮以耕之和其剛柔陳義以種之樹以善道講學以耨之存是去非類也耨奴豆反鉏也本仁以聚之合其所盛○盛市正反又音成播樂以安之感動使之堅固故禮也者義之實也協諸義而協協合也合禮於義則與義合不乖剌○剌力達反本或作制○則禮雖先王未之有可以義起也以其合於義可以義起作義者藝之分仁之節也藝猶才也協於藝講於仁得之者強有義則人服之也仁者義之本也順之體也得之者尊有人則人仰之也【疏】故聖至者尊正義曰此一節論因上君子小人厚薄不同故此論聖人脩禮義治人情以至大順也各依文解之○故聖王脩義之柄者柄操也謂執持而用者謂脩理義之要柄脩理禮之次序以治正人情使去其瑕穢之惡養其菁華之善也○故人情者聖王之田也者土地是農夫之田人情者亦是聖王之田也○脩禮以耕之者農失之田用耒耜以耕之和其剛柔聖人以禮耕人情正其上下○陳義以種之者農夫耕田既畢以美善種子而種之聖王以禮正人情既畢用此善道而教之○講學以耨之者農夫種苗既畢勤力耘鋤去草養苗則苗善矣聖王以善道教民既畢又須講說學習以勸課之存是去非則善也○本仁以聚之者農夫既勤耘耨苗稼成熟當本此仁恩愛惜之心以聚集所收勿令浪爲費散○聖王勸課行善既畢本此仁恩和親聚集善道使不廢棄也○播樂以安之者播布也農夫收穫既畢布其歡樂之心共相飲食以安美之聖王既勸民善道備足又說樂感動使其勤行善道保寧堅固也○故禮也者義之實也前既明禮耕義種仁聚之今此以下廣明上三者相須也此明禮義相須禮是造物爲實義以脩飾爲禮之華故云禮也者義之實也○協諸義而協者協合也諸之也今將此禮合會於義謂以禮比方於義而協謂禮與義相協會也○則禮雖先王未之有可以義起也者起作也禮既與義合若應行禮而先王未有舊禮之制則便可以義作之如將軍文子之子是也先無其禮臨時以義斷之

亟涕洟待賓于廟是其以義而作禮也庾云謂先王制禮雖所未有而此事亦合於義則可行之以義與禮合也義者藝之分仁之節也者此明仁須義也義者裁斷合宜也藝才也仁施也人有才能又有仁施若非義裁斷則過失故用義乃得分節也此唯明仁須義而云才者因明一切皆須義斷庾云藝者審其分仁者宜得節皆須義以斷之是義爲藝之分仁之節明義之貴也○協於藝者斷才得分即是義能合藝也講於仁者講猶明也使仁得節是義能明於仁也○得之者强者若能得才分仁節之理則是豪强爲衆所畏服也○仁者義之本也者上云義者藝之分仁之節明義能與仁爲節此言仁者義之本謂仁能與義作本順之體也者仁者施生故爲順之體也○得之者尊既能施生又爲順體故爲人所尊仰也但義主斷割能服於人故得義者强仁是恩施衆所敬仰故得仁者尊也○注協合至乖剌○正義曰合禮於義解經協諸義則與義合者解經而協也云合禮於義者謂將禮比方於義云則與義合者言禮與義相合不乖剌也禮所以與義合者禮者體也統之於心行之合道謂之禮也義者宜也行之於事各得其宜謂之義也是禮據其心義據其事但表裏之異意不相違故禮與義合也○注以其至起作正義曰云以其合於義者謂此禮以其合會於義故雖當無

禮臨事制宜而行禮是可以義起作也衛將軍文子之子既除喪而后越人來弔於時無除喪後受弔之禮主人乃量事制宜練冠垂涕洟待於廟而受弔是以義而起作此禮也故治國不以禮猶無耜而耕也無以入也○耜音似爲禮不本於義猶耕而弗種也嘉穀無由生也○種之用反不亦作弗何休注公羊云弗者不之深也下皆放此爲義而不講之以學猶種而弗耨也苗不殖草不除講之於學而不合之以仁猶耨而弗穫也無以知收之豐荒也穫戶郭反收如字又手又反合之以仁而不安之以樂猶穫而弗肥也不知味之甘苦安之以樂而不達於順猶食而弗食也功不見也○見賢遍反四體既正膚革充盈人之肥也父子篤兄弟睦夫婦和家之肥也大臣法小

臣廉官職相序君臣相正國之肥也天子以德爲車以樂爲御諸侯以禮相與大夫以法相序士以信相考百姓以睦相守天下之肥也是謂大順大順者所以養生送死事鬼神之常也常謂皆有禮用無匱乏也車或爲居故事大積焉而不苑並行而不繆細行而不失深而通茂而有間連而不相及也動而不相害也此順之至也言人皆明於禮無有蓄亂滯合者各得其分理順其職也○苑于粉反積也繆音謬畜丑六反故明於順然後能守危也能守自危之道也君子居安如危小人居危如安易曰危者安其位

疏故治至危也○正義曰此以下覆前譬也人君治人情若無禮猶農夫耕而無耜也○爲禮不本於義猶耕而弗種也治

雖用禮不本其所宜如農夫徒耕而不下種子也○爲義而不講之以學猶種而弗耨也者治國雖用善道所宜而不更爲講學使民知其理道如農夫雖種嘉穀而不耘壅則苗不滋茂厚實也講之以學而不合之以仁猶耨而弗穫也者治國雖講之以學而不聚其仁行者如農夫雖耘壅成熟而不收穫取之也今之以仁而不安之以樂猶穫而弗食也者治國雖聚仁若不奏樂和之則仁心不堅如農夫雖聚穀而不食則甘穀空失也○安之以樂而不達於順猶食而弗肥也者前陳聖人禮耕以至安樂今顯譬農夫耒耜以至食之其事相似今更欲設譬以人身之肥譬家國禮足聖人爲教反覆相明正在此矣言雖奏樂於仁人而不使知達至順之理亦爲未善猶如人雖食五味而調和溫凊不順則雖食不肥也○四體至常也○此一節明人及國家天下等皆悉肥盛所以養生送死常事鬼神○膚革充盈者膚是革外之薄皮革是膚內之厚皮革也○天子以德爲車以樂爲御率土皆達順故合天下之肥也天子以德爲車謂用孝悌以自載也德孝悌也以樂爲御謂用要道以行之樂要道也行孝悌之事須禮樂如車行之須人御也○大順者所以養生送死事鬼神之常也者前雖明國家之順而皆局有條目而順理廣被無所不在此更揔說其事也一切生死鬼神無不用順爲

常也故孔子荅孟武伯問無違之言云生事之以禮死葬之
以禮是也養生送死事鬼神無違之道之常也○故事至危也
皇氏云事大積焉而不苑者既用順爲常事無苑滯事大者
天子事也雖復萬機輻湊而應之有次序不使苑積也○並
行而不繆者並行謂諸侯來朝也既四方隨時貢賦有序雖
並列俱陳而不錯繆也○細行而不失者謂大夫士出聘者
也天子不遺小國之臣是不失也○深而通者深爲九州之
外也雖地在遠荒而皆通貢王庭越常是也○茂而有間者
謂萬國貢賦庭實密茂而國朝之間自不廁雜以國之相次
小則讓大不相及人也萬乘龍趨千乘雷動不相妨害自四
體既正至此皆由王者順之至也熊氏云此普據天下萬事
有大有細有深有通有連有動言人皆明禮順正事無蓄亂
滯合各得其分理順於其職所以大小深淺並合得其宜此
順之至結自四體既正以下至此並是順之至極也故明於
順然後能守危也○上言順之至此明順有益明於順然後能
守危者既明順道不敢爲非則能守自危之道謂以危戒慎
而自守保也○注易曰危者安其位○正義曰此易上繫文
也按易繫乃云危者安其位者也亡者保其存者也危者安
其位謂所以今日危亡者正爲不知畏懼偷安其
位故致危也引之者證人之所居恒須危懼也
○故禮

之不同也不豐也不殺也所以持情而合危也豐殺謂天子及士名位不同禮亦異數所以持其情合安其危○殺所戒反徐所例反注同故聖王所以順山者不使居川不使渚者居中原而弗敝也小洲曰渚廣平曰原山者利其禽獸渚者利其魚鹽中原利其五穀使各居其所安不易其利勞敝之也民失其業則窮窮則濫○渚之汝反用水火金木飲食必時用水謂漁人以時漁爲梁春獻鼈蜃秋獻龜魚也用火謂司爟四時變國火以救時疾及季春出火季秋納火也用金謂卝人以時取金玉錫石也用木謂山虞仲冬斬陽木仲夏斬陰木飲食謂食齊視春時羹齊視夏時醬齊視秋時飲齊視冬時○漁音魚鼈必列反蜃石忍反爟古亂反卝革猛反又瓜猛反徐古猛反夏戶嫁反下同謂食音嗣齊才細反下皆同○合男女頒爵位必當年德謂媒氏令男三十而娶女二十而嫁司士稽士任進退其爵祿也○頒音班當丁浪反媒音梅取音娶本又作娶稽古兮反○用民必順不奪農時故

無水旱昆蟲之災民無凶饑妖孽之疾言大順之時陰陽和也昆蟲之災螟螽之屬也○烖音災妖孽又作蠥魚列反妖又作祅說文云衣服歌謠草木之怪謂之祅禽獸蟲蝗之怪謂之蠥螟亡丁反螽徐音終○故天不愛其道地不愛其寶人不愛其情言嘉瑞出人情至也故天降膏露地出醴泉山出器車河出馬圖鳳皇麒麟皆在郊棷龜龍在宮沼其餘鳥獸之卵胎皆可俯而闚也膏猶甘也器謂若銀甕丹甑也馬圖龍馬負圖而出也棷聚草也沼池也○醴本又作醴音禮麒麟音其下音栗人反棷素口反徐揔會反澤也本或作藪沼之紹反卵力管反胎土才反俯音府闚本又作闚去規反甕本又作罋烏弄反則是無故非有他事使之然也先王能脩禮以達義體信以達順故此順之實也實猶誠也盡也【疏】故禮至實也○正義

曰此一節論上既得明順乃安位此以下說行順以致大平之事各依文解之○故禮之不同也者天子至士貴賤宜順故禮不得同也○不豐也者禮應須少不可求多也○不殺也者禮應須多不可殺少也○所以持情而合危也者能順序如上故使扶持其情合安其危不使危也○故聖王所以順山者不使居川既使天下皆肥由於至順此更廣說順也既欲其順本居山者所利便於禽獸本居川者所利在舟檝故聖人隨而安之不奪宿習不使居山之人居川也不使渚者居中原小洲曰渚渚利魚鹽廣平曰原原利五穀既順安之故不使渚者徙中原○而弗敝也者必各保其業故恒豐而不敝困也○用水火金木飲食必時者舉動皆順故必時也水時者謂虞人入澤梁及出入水之屬也火時者鄭注司爟引司農說以鄹子曰春取榆柳之火夏取棗杏之火季夏取桑柘之火秋取柞楢之火冬取槐檀之火釋者曰榆柳青故春用之棗杏赤故夏用之桑柘黃故季夏時用之柞楢白故秋用之槐檀黑故冬用之金謂金錫石丱也木謂仲冬斬陽木仲夏斬陰木也飲酒必時者謂食齊視春之屬也○合男女者媒氏仲春令男三十而取女二十而嫁○頒爵位者須分也謂司士稽士任而進退其爵祿也○必當年德者合男女使當其年須爵位必當其德年謂男三十女二十也當

德謂君十卿禄下士食九人等是也○用民必順者使之以
時不奪農務也○故無水旱昆蟲之災此論聖王用大順之
道故致陰陽和調羣瑞並至正由順之誠實故至於此也○
故天不愛其道者此以下明天地爲至順之主下瑞應也四
時和甘露降是天不愛其道也○地不愛其寶者謂五穀豐
醴泉生器車出也○人不愛其情者皆盡孝悌及越常至也
○山出器車按禮緯斗威儀云其政大平山車垂鉤注云山
車自然之車垂鉤不揉治而自圓曲○河出馬圖按中候握
河紀堯時受河圖龍銜赤文綠色注云龍形象馬故云馬
圖是龍馬負圖而出又云伏羲氏有天下龍馬負圖出於河
遂法之畫八卦又龜書洛出之也鳳皇麒麟皆在郊棷按中
候握河紀云鳳皇巢阿閣今云在郊棷者言鳳皇之衆或郊
棷或阿閣也○其餘鳥獸之卵胎皆可俯而闚也者此飲食
有由也各隨其長而至既不獝狘故生乳而衆多也俯下頭
也鳥不畏人作巢在下故下頭可闚其巢卵也手撫獸背則
知有胎也○則是無故者言致此上事則是更無他故由先
王能脩禮達義體信達順之誠盡故致此也○注器謂若銀
甕丹甑也○正義曰此銀甕丹甑援神契文按援神契德及
於天斗極明日月光甘露降德及於地嘉禾生蓂莢起秬鬯
出德至入極則景星見德至淵泉則朱草生木連理德至鳥

獸則鳳皇來鸞鳥舞麒麟臻白虎動狐九尾雉白首德至山陵則景雲出德至深泉則黃龍見醴泉湧河出龍圖洛出龜書其所致羣瑞非一不可盡也故畧記之而已

附釋音禮記注疏卷第二十二

嘉慶二十年重栞宋本用文選樓藏本校

江西南昌府學栞

禮記注疏卷二十二挍勘記　阮元撰盧宣旬摘録

禮運

故聖人參於天地節

並於鬼神　閩監本同石經同嘉靖本同衛氏集説同毛本並作竝岳本同注疏倣此

並并也　閩監毛本同嘉靖本同衛氏集説同岳本并作併釋文出並併

故聖至治也　閩監毛本治作地不誤惠棟挍宋本無此五字

無過差也　閩監毛本同考文云宋板也作矣

故君者所明也節

故君至其生　惠棟挍宋本無此五字

故用人之知節

故用至之變 惠棟挍宋本無此五字

退去其姧詐者 閩監本姧作姦衞氏集說作奸

故聖人耐以天下爲一家節

故聖至爲之 惠棟挍宋本無此五字

按說文云耐者鬚也 閩監毛本同浦鏜挍耐改而是也○按鬚當作須須鬚正俗字

其意同矣 閩監毛本同考文云宋板矣作也

何謂人情節

講信脩睦 閩監本同石經同岳本同嘉靖本同毛本脩作修衞氏集說同下同

何謂至以哉 惠棟挍宋本無此五字

及哀惡與彼同也 閩監毛本同考文云宋板惡作樂

按彼傳云喜生於風閩監毛本同浦鏜挍云按此出賈逵注傳當注字誤

故人者其天地之德節

故人至氣也惠棟挍宋本無此五字

故人者其天地之德者惠棟挍宋本有其字此本其字脫閩監毛本同

故兩存焉惠棟挍宋本著此下標禮記正義卷第三十終記云凡二十六頁

故天秉陽節惠棟挍宋本自此節起至故禮之不同節止爲第三十一卷卷首題禮記正義卷第三十一

播五行於四時閩監毛本同石經同岳本同嘉靖本同衞氏集說同釋文出播於五行四時云本亦作播五行於四時正義云定本無於字直云播五行四時

言地持陰氣閩監毛本同岳本同嘉靖本無持字地下空闕二字

五味六和十二食還相爲質也閩監毛本同石經同岳本同嘉靖本同衞氏集說同五經筭術下引作五味六和十二食還相爲滑戴震云按鄭注五味酸苦辛鹹甘也和之者春多酸夏多苦秋多辛冬多鹹皆有滑甘是爲六和蓋五味加滑而六内則滫瀡以滑之疏云滫瀡之令柔滑也食味言還相爲滑衣色言還相爲質質如凡畫者丹質之質食味衣色二者語而有别此五經筭術所引在唐以前應是古本

竭猶負載也閩監本同毛本載作戴岳本同嘉靖本同衞氏集說同五經筭術下引亦作載按戴載古多通同

布十二辰閩監毛本同岳本同嘉靖本同衞氏集說同五經筭術布下有在字

終於南呂閩監毛本同岳本同嘉靖本同衞氏集說同惠棟按宋本呂作事釋文出南事云京房律始於執始終於南事凡六十正義本作南呂故疏說終於南呂之義極詳云以此言之則南呂爲是又云諸本及定本多作終於南事則是京房律法五經筭術下引亦作終于南呂後又云甄鸞按禮記注一本乃有云始于黃鍾終于南

事者

畫繢事也 閩監本同岳本同嘉靖本同衛氏集說同毛本繢作繪釋文出畫繢

故天至質也 惠棟挍宋本無此五字

播謂播散 閩本同監毛本謂作爲

中通元繢以對五方 閩監毛本同衛氏集說同惠棟挍宋本以作次

至中呂而帀 閩本同惠棟挍宋本同衛氏集說帀作匝監毛本帀誤布

上生夾鍾爲商 閩監毛本如此此本爲字誤重

房對受學故小黃令焦延壽等 閩本監本毛本同齊召南云按後漢志無等字此等字衍

故各統一日 閩監毛本同盧文弨挍日改月云算術作各統一月下亦作當月戴震云按後漢書

今本訛作各終一日下當月者訛作當日者攷律法十二律分十二月各自爲宮而商徵以類從是一律統一月也疏引作各統一日下仍作當月者爲五經筭術所引無舛誤可據以訂正

而商徵以類定焉　閩監毛本定作從五經筭術引亦作類從

考其高下　惠棟挍宋本如此五經筭術同此本考下衍以字閩監毛本同

謙待徵六日律八寸九分分微强　閩監毛本同惠棟挍宋本作八寸九分小分入微强挍宋本與後漢志合惟九分後漢志作入分

去滅徵六日律八寸八分小分八弱　閩監毛本同盧文弨挍從續志八弱改七大强

分動下生歸嘉分動爲官　閩本同惠棟挍宋本同監毛本動作動考文引宋板下生下有屈齊商安度徵六日律八寸七分小分六微弱分動下生二十二字然後接以歸嘉分動爲官

刑晉商 閩本同惠棟挍宋本同監毛本刑作形下刑晉並同盧文弨挍云隋志作形晉

否與徵六日律八寸五分小分二強 閩監毛本同盧文弨挍云五經筭術強上有半字是也

分否下生解刑 閩本同惠棟挍宋本同監毛本刑作形下解刑徵同

解刑徵八日律八寸三分小分一強 閩監毛本同盧文弨挍云當作小分一少強

侯嘉商 閩本同惠棟挍宋本同監毛本侯作族下侯嘉並同

去南徵八日律八寸二分一少弱 閩本同監毛本作八寸二分小分一弱

結躬徵二日律七寸八分小分九強 閩本同監毛本二作六強上有少字盧文弨挍云少字衍

歸期徵七日律七寸七分小分九強閩本同監毛本七日作六日強作弱惠棟校宋本作強

刑始商閩本同惠棟校宋本同監毛本刑作形下刑始並同

閉掩徵七日律七寸三分小分九微強惠棟校宋本同閩本同監毛本七日作八日強作弱盧文弨校云五經筭術作微強是也

鄰齊徵七日律七寸一分小分九微強閩本同監毛本七日作八日一作二

揔應商閩本同惠棟校宋本同監毛本揔作物

期保徵七日惠棟校宋本亦作七閩本同監毛本七作八

分烏徵六日律七寸小分九大強閩監毛本同盧文弨校云大當作半

遲內徵六日律七寸小分一強閩本同考文引宋板同監毛本强上有半字

未育徵六日律六寸九分小分二微強考文引宋板同閩監毛本二作一齊召南按云依後漢志當作二

嫌待商閩本同監毛本嫌作謙

色育徵七日律六寸七分小分三大強閩監毛本同盧文弨按云五經筭術大強作半強是也

分勲徵八日律六寸四分小分八強閩監毛本同盧文弨按云五經筭術作小分八微強是

質未徵七日律六寸三分小分九強閩監毛本同盧文弨按云強上當有少字

南事下生南事窮閩監毛本同盧文弨挍云筭術下生作不生是孫志祖挍云五經筭術作不生六十律終於南事故不生也續志亦誤

分否徵七日律六寸二分小分三大強閩監毛本同盧文弨挍云五經筭術大強作半強是

離躬上生陵陰閩本同惠棟挍宋本同監毛本躬作宮下離躬並同盧文弨挍云續志作宮

陵陰徵七日律六寸一分小分五微強閩監毛本同盧文弨挍云微字衍

少出徵八日律六寸小分七弱閩監毛本同盧文弨挍云弱上當有微字

屈齊徵六日律五寸八分小分四弱閩監毛本同盧文弨挍云五經筭術弱上有微字是

刑晉徵五日律五寸六分小分八强閩監毛本同盧文弨挍云强上當有少字

爭南徵七日律五寸三分小分九强閩本同監毛本强上有半字盧文弨挍云半當作少

應鍾商姑洗徵閩監毛本如此此本商字脫

變虞徵七日律五寸二分小分六强閩本同監毛本七作六强上有少字盧文弨挍云少字衍五經筭術作微字亦衍

依行徵五日閩本同監毛本五作七

中呂徵八日律四寸九分小分九强閩監毛本同盧文弨挍云强上當有少字

南中徵八日律四寸九分小分二弱閩監毛本二作三

揔應徵八日律四寸七分小分九微強閩監毛本同盧文弨挍云五經筭術徵作半是也

分烏窮次無徵不爲宮閩監毛本同考文引宋板次作内孫志祖挍云續志作次

制時徵六日律四寸五分小分五弱閩本同惠棟挍宋本同監毛本弱作強

以四時有四味惠棟挍宋本作時此本時誤肆閩監毛本同衞氏集說亦作四時

似月別各別衣食者考文引宋板如此此本上别誤刑閩本上別字闕監毛本無上別字衞氏集說同

大揔言之閩本同惠棟挍宋本同監毛本言作攻衞氏集說亦作言

故人者天地之心也節　惠棟挍云故人節宋本分故聖人作則以下另爲一節

此言兼氣性之效也　閩監毛本同岳本同嘉靖本同衛氏集說同惠棟挍宋本效作効宋監本同

以四時爲柄　閩監本同石經同岳本同嘉靖本同考文引宋板同衛氏集說毛本柄誤端

故人至爲畜　惠棟挍宋本無此五字

論竆氣性之有効驗　閩監毛本効作效衛氏集說同下氣性之効氣性効故云効効是其効並同

故聖至爲畜　惠棟挍宋本無此五字

用禮義以爲器　惠棟挍宋本有用字此本用字脫閩監毛本同

覆說上舍禮何以哉　閩監毛本同考文引宋板哉下有也字

故情可睹也閩監毛本同石經同岳本同嘉靖本同衛氏集說同考文古本情上有人字

故事有守也惠棟挍宋本作有石經同宋監本同岳本同嘉靖本同衛氏集說同考文引古本足利本同此本有誤可閩監毛本同石經考文提要云宋大字本余仁仲本皆作有

以天至由也〇正義曰惠棟挍宋本無此八字

長既至爲聖人所畜閩監毛本同考文引宋板人所畜下又衍人所畜三字

何謂四靈節

故鳥不獝閩監毛本同石經同岳本同嘉靖本同衛氏集說同釋文出獝云字又作獝正義本亦作獝錢大昕云獝爲鳥飛不應從犬旁釋文獝本作矞周禮大司樂注引此文亦作矞俗本從犬者誤也說文走部有趫字訓狂走即鳥不矞之矞張衡東京賦捎魑魅斮獝狂薛綜注獝狂惡厲之鬼名埤蒼云獝狂無頭鬼也矞本有狂義因矞狂連文并矞字亦加犬旁猶展轉之展作輾鈇質之質作鑕也

何謂至不失　惠棟挍宋本無此五字

讀淰爲閃者　惠棟挍宋本如此此本讀上衍己字閩監毛本同

皆法中央　閩監毛本同考文引宋板央作之非

其言少從　閩監毛本同段玉裁挍本從詩周南正義少改可盧文弨挍云少當作乂

其性義木性仁　惠棟挍宋本同閩監毛本其作金

馬蹄有五采　閩監本同毛本采作彩○按彩俗采字

不入檻穽　閩監本同毛本檻作陷

故先王秉著龜節　閩監毛本分故先王患禮以下另爲一節

故先至有序　惠棟挍宋本無此五字

故先王患禮節

故先王患禮之不達於下也惠棟挍宋本無此十一字

故祭帝於郊節

卜筮瞽侑閩監毛本同岳本同嘉靖本同衞氏集說同石經侑卜誤十

故祭至至正惠棟挍宋本無此五字

三老在學閩監毛本同考文引宋板學下有者字

故禮行於郊節

故自郊社祖廟閩監本同石經同岳本同嘉靖本同衞氏集說同毛本祖誤宗

義之脩閩監本同石經同岳本同嘉靖本同衞氏集說同毛本脩作修注疏倣此後凡脩字同

故禮至藏也惠棟挍宋本無此五字

而百貨可極焉閩監毛本同考文云宋板焉下有者字下而孝慈服焉而正法則焉並同

是故夫禮節

是故至天也　惠棟挍宋本無此五字

凶時有恩理節權　閩本同惠棟挍宋本同監毛本時作禮

夫禮必本於天節

恊於分藝　閩監本同毛本恊作協石經同岳本同嘉靖本同衛氏集說同注疏倣此

猶人之才也　此本也下脫一○閩監毛本遂誤以釋文合於月之分本或作日月之分日行字十五字為注文岳本嘉靖本衛氏集說考文皆無此十五字

夫禮至朝聘　惠棟挍宋本無此五字

辭讓賓主三辭三讓　惠棟挍宋本如此衛氏集說同此本上讓字脫閩監毛本同

張融謹案亦從鄭說　惠棟挍宋本同閩監毛本融謹案三字闕

鄭爲此注欲明改養爲義之意惠棟挍宋本同閩監毛本注欲明三字闕

則爲教令法天地山川惠棟挍宋本同閩監毛本令法二字闕

是不得爲養也引孝經說惠棟挍宋本同閩監毛本養也引三字闕

故禮義也者節

而固人之肌膚之會石經同惠棟挍宋本同岳本同嘉靖本同閩監毛本上之字脫衛氏集說同石經考文提要云宋大字本宋本九經南宋巾箱本余仁仲本劉叔剛本九經誤字皆有上之字

順人情之大竇也閩監毛本同石經同岳本同嘉靖本同衛氏集說同考文云宋板無也字古本同案上之東也之大端也句末皆有也字此句文法一例無也字非

禮不可去之事○注竇孔穴也惠棟挍宋本同閩監毛本事○注三字闕

又篳門閨竇考文引宋板同惠棟挍宋本閨作圭衛氏集說同閩監毛本篳門閨三字闕

故禮之於人也節

猶酒之有糵也閩監毛本作蘗岳本同嘉靖本同衛氏集說同此本糵誤蘗疏同石經糵下截米字闕釋文出有糵

人無禮則敗壞也閩監毛本同惠棟挍宋本敗壞作壞敗

分半持釀精米嘉器閩監毛本作米衛氏集說同此本米作美

得禮自虛薄者也閩監毛本同惠棟挍宋本無者字衛氏集說同

故聖王脩義之柄節惠棟挍云故聖王節故治國節宋本合為一節

治者去瑕穢養菁華也閩監毛本如此岳本同嘉靖本同衛氏集說同此本誤脫去字重養字

恊諸義而協閩毛本作協石經同岳本同嘉靖本同衛氏集說同此本協作恊監本同案說文恊訓同心之

和協訓衆之同和義不相遠五經文字云案古文作叶則從十者義長今改從十餘放此

故聖至者尊　惠棟挍宋本無此五字

如將軍文子之子是也　惠棟挍宋本同閩監毛本上子作氏衛氏集說同

即是義能合藝也　閩監本同毛本義藝字互誤衛氏集說亦作義能合藝

故雖當無禮臨事制宜而行禮是可以義起作也衛將軍文子之子既除喪而后越人來弔於時無除喪後受弔之禮主人乃量事制宜練冠垂涕洟待于廟而受弔是以義而起作此禮也　惠棟挍宋本同閩監毛本禮臨以下多闕文

故治國不以禮節

嘉穀無由生也　惠棟挍宋本同宋監本同岳本同嘉靖本同衛氏集說穀作禾閩監毛本嘉穀二字

闕

無有蓄亂滯合者 各本同釋文出有畜

故治至危也 監本毛本作危惠棟挍宋本作肥

正義曰此以下 惠棟挍宋本無正義曰三字

猶耕而弗種也者治國雖用禮 惠棟挍宋本如此此本者國二字脫閩監毛本同

膚是革外之薄皮 閩監本同惠棟挍宋本皮下有膚字

越常是也 閩監毛本同惠棟挍宋本常作裳盧文弨挍云常裳俱可通○按說文常下帬也从巾尚聲又云裳常或從衣

然後能守危也 監本毛本作危也惠棟挍宋本下有者字

而自守保也閩監毛本同惠棟挍宋本守保作保守

按易繫乃云閩監毛本乃作辭案疏意以易繫是就既危者言鄭此引是就安不忘危者言斷章取義故說按易繫乃云乃者明易繫不如鄭所引義也三本改乃爲辭失疏意矣

故禮之不同也節

窮則濫閩監毛本同岳本同惠棟挍宋本則作斯嘉靖本同衞氏集說作窮斯濫矣考文古本作窮斯濫矣也足利本作窮則斯濫宋監本作窮斯溢

謂卄人監本作卄岳本同衞氏集說同釋文出卄人此本卄誤丱閩本同嘉靖本同毛本廾誤卄○按說文則作礦卄假借字說詳前

男三十而娶閩監毛本同岳本同衞氏集說同惠棟挍宋本娶作取嘉靖本同釋文出而取云本又作娶正義引亦作取則宋本取字是也

司士稽士任　閩監毛本同岳本嘉靖本同衞氏集說同考文引古本任作位非也

地不愛其寶　王引之云不愛謂不隱藏也愛之爲隱古人常訓廣雅寶字注作地不藏其寶說詳經義述聞

地出醴泉　閩監毛本同石經同岳本同嘉靖本同衞氏集說同釋文出澧云本又作醴

皆可俯而闚也　閩監毛本同石經同岳本同嘉靖本同衞氏集說同釋文出而窺云本又作闚○按依說文當作窺从穴規聲

故禮至實也　惠棟挍宋本無此五字

釋者曰　閩監毛本同惠棟挍宋本曰作云

及越常至也　閩監毛本同惠棟挍宋本常作裳

伏羲氏有天下　監毛本同閩本羲作犧

德至八極　閩監毛本同惠棟挍宋本極作表

附釋音禮記注疏卷第二十二終惠棟挍宋本禮記正義卷第三十一終記云凡二十六頁

禮記注疏卷二十二挍勘記

附釋音禮記注疏卷第二十三

禮器第十。陸曰鄭云以其記禮使人成器孔子謂子貢瑚璉之器是也 疏 正義曰案鄭目錄云名爲禮器者以其記禮使人成器之義也故孔子謂子貢汝器也曰何器也曰瑚璉也此於別錄屬制度

禮記　鄭氏注　孔穎達疏

禮器是故大備大備盛德也 禮器言禮使人成器如耒耜之爲用也人情以爲田脩禮以耕之此是也大備自耕至於食之而肥 禮釋回增美質措則正施則行 釋猶去也回邪辟也質猶性也措置也。錯七路反本又作措又厝音同去起呂反邪似嗟反辟匹亦反 其在人也如竹箭之有筠也如松柏之有心也二者居天下之大端矣故貫四時而不改柯易葉 箭篠也端本也四物於天下最得氣之本或柔刃於外或和澤於內用此不變傷也人之

得禮亦猶然也。箭節見反筠于貧反鄭云竹之青皮也貫古亂反柯古何反篠西了反徐音小刃而愼反。故君子有禮則外諧而內無怨人協服也故物無不懷仁鬼神饗德懷歸也。疏禮器至饗德。正義曰此一節論禮能使人成器則於外物無不備各依文解之。禮器至德也。言禮能使人成器故云禮器也既得成器則於事無不足故云是故大備也身既成器又能備足則是盛德也此大備者則上禮運所云自人情以爲田脩禮以耕之至食而弗肥是也。禮釋至則行禮釋回此以下用禮爲器以耕人情之事釋去也回邪也用禮爲器能除去人之邪惡也增美質者增益也質性也禮非唯去邪而已人有美性者禮又能益之也措則正者措置也言置禮在身則身正也施則行者施用也若以禮用事事皆行也。其在至易葉。其在人也如竹箭之有筠也禮道既深此爲設譬也竹大竹也箭篠也言人情備德由於有禮譬如竹箭四時葱翠由於外有筠也筠是竹外青皮顧命云敷重筍席鄭云筍析竹青皮也禮記曰如竹箭之有筠按鄭引禮記之筠以爲青皮是知呼竹爲筠如松栢之有心也者又設譬也人經夷險不變其德由禮使然譬如松栢陵寒而鬱茂由其內心貞和故也。二者居天下之大端矣者二者竹松也端猶本也松竹居於天下比於衆物最得氣之本也故貫四時不改柯易葉貫經也既得氣之本故經四時柯葉無凋改也改易互言也。故君至無怨。解外諧內無怨者謂於外疏遠之處與人諧和於內親近之處無相怨恨以其有禮接人故內外協服也爲譬既畢此合之也前并舉筠心二事正欲譬於君子內外俱美外柔刃如筠故能與一切物相諧內和澤如松心故能與人無怨經云二者據譬也鄭云四物者析別言之。故物至饗德。故物無不懷仁者懷歸也由外內協服故悉歸仁故云物無不懷仁。鬼神饗德者鬼神聰明正直依人而行物既懷仁故神亦饗德也

○先王之立禮也有本有文忠信禮之本也義理禮之文也無本不立無文不行言必外內具也

○禮也者合於天時設於地財順於鬼神合於人心理萬物者也鬼神所祀事有德也是故天時有生也地理有宜也人官有能

也物曲有利也言皆有異故天不生地不養君子不以爲禮鬼神弗饗也天不生謂非其時物也地不養謂非此地所生居山以魚鼈爲禮居澤以鹿豕爲禮君子謂之不知禮不順其鄉之所有也故必舉其定國之數以爲禮之大經定國之數謂地物所出多少○禮之大倫以地廣狹謂貢賦之常差○狹音洽又戶夾反差初佳反徐初宜反禮之薄厚與年之上下用年之豐凶也○上時掌反是故年雖大殺衆不匡懼則上之制禮也節矣○言用之有節也殺謂穀不孰也匡猶恐也殺色戒反徐所例反注同恇懼音匡又巨往反恐巨勇反○

【疏】先王至節矣○正義曰此一節論因上禮則人外內諧和遂云禮須信義兼說行禮之事各依文解之○忠信禮之本也者禮之爲本即忠信是也忠者內盡於心也信者外不欺於物也內盡於心故與物無怨

外不欺物故與物相諧也義理禮之文也禮雖用忠信爲本而又須義理爲文飾也得理合宜是其文也無本不立解須本也無忠信則禮不立也無文不行解須文也行禮若不合宜得理則禮不行也○立禮也至知禮○此一節論禮者合於天地協於鬼神合於人心而行其禮若不得天時不得地財而行其禮則不知禮也禮也者合於天時者前云忠信爲本易見而義理爲文難覩故此以下廣說義理爲文之事也夫君子行禮必須使仰合天時俯會地理中趣人事則其禮乃行也仰合天時即依於四時及豐儉隨時也○設於地財者俯會地理也財物也所設用物爲禮各是其土地之物也○順於鬼神者鬼神助天地爲化之鬼神也祀之必順不濫逆也○合於人心者中趣人事也雖合天會地順於鬼神又須與人心符合其禮乃行也是以書云謀及卿士謀及庶人謀及卜筮是也○理萬物者也者若能使事事如上則行葦得所豚魚戴賴是萬物各得其理也○是故天時有生也者言天四時自然各有所生若春薦韭卵夏薦麥魚是也○地理有宜也者地之分理自然各有所宜若高田宜黍稷下田宜稻麥是也人官有能也者人居其官各有所能若司徒奉牛司馬奉羊及庖人治庖祝治尊俎是也○物曲有利也者謂萬物委曲各有所利若麴糵利爲酒醴絲竹利爲琴笙皆自

然有其性各異也皇氏云有聖人制禮得宜故致天時有生地理有宜之等非其義也○故天不生者既得時財而爲天地人物美功故君子行禮不爲失時非財之事故此以下明之也此是不合天時也天不生謂非時之物若寒瓜夏橘及李梅冬實之屬也○地不養者此是不設地財也地不養若山之魚鼈澤之鹿豕也○君子不以爲禮者此是不合人心也○鬼神弗饗者此是不順鬼神也○居山以魚鼈爲禮居澤以鹿豕爲禮君子謂之不知禮者此翻廣設地財也鹿豕是山養魚鼈是澤物今若非其地所養而設爲禮此是謂爲不知禮也○注鬼神至德也○正義曰以經云順於鬼神先王制禮所以能順鬼神者以鬼神是有德之人死乃祀爲鬼神禮既合於人心故得順於鬼神也○故必至節矣○此一節以上文制禮因合天時地宜故此論隨地之所有以制禮也舉其定國之數以爲禮之大經禮物必鄉之所有故有國者必書其國內所生物多少定數以爲國之大法也經法也○禮之大倫以地廣狹者倫猶例也制禮之大例又宜隨地廣狹爲法謂貢賦之常差也禮之薄厚與年之上下者此廣順天時上猶豐也下猶荒也雖以地廣狹爲制而又皆須隨於天時也多少隨年豐荒也○是故年雖大殺衆不匡懼者此言得時之美也大殺謂五穀不孰也匡猶恐也雖大凶殺

之年則人主隨而省斂狹用故天下之衆不恐懼也則上之制禮也節矣合結地財天時也廣狹隨地而賦豐凶逐時而斂衆之不恐並由君上制禮有節故也○禮時爲大順次之體次之宜次之稱次之言聖人制禮所先後也○稱尺證反後皆同○堯授舜舜授禹湯放桀武王伐紂時也言受命改制度詩云匪革其猶聿追來孝革急也猶道也聿述也言文王改作者非必欲急行已之道乃追述先祖之業來居此爲孝○革紀力反注同○天地之祭宗廟之事父子之道君臣之義倫也倫之言順也○社稷山川之事鬼神之祭體也天地人之别體也○喪祭之用賓客之交義也義之言宜也人道之宜○羔豚而祭百官皆足大牢而祭不必有餘此之謂稱也足猶得也稱稱牲之大小而爲俎此

指謂助祭者耳而禮時至稱也○正義曰此一節明亦云百官喩衆也○疏因上制禮得節故以下諸事皆由禮洽天時令各依文解之○○禮時爲大者揖讓干戈之時於禮中最大故云時爲大也○○順次之者雖合天時又須順序故順次之也○體次之者有時有順又須小大各有體別也○宜次之者大小雖有體行之又須各當其宜也○○稱次之者稱猶足也行禮又須各自足也○堯舜至來孝○○此釋時爲大也堯舜所以相授者堯舜知子不賢自能遜退而授人此時使之然也桀紂凶虐不能傳位與人湯武救民之災不可不伐亦時使之然也○詩云匪革其猶聿追來孝此大雅文王有聲之篇革急也猶道也聿述也言文王改作豐邑非是急行已之道能述追先祖之業來行孝道於此豐邑時使之然不得不爾釋時之義也今詩本革作棘猶作欲聿作遹字之不同者鄭荅炅模云之爲記注之時依循舊本此文是也後得毛詩傳而爲詩注更從毛本故與記不同革棘聿遹字異義同詩注來勤也言作豐邑非急成已之欲乃追述王季勤行孝之道也○注革急至述也○正義曰革急聿述並釋言文猶道也釋詁文○天地至倫也○此事皆是下之事上以敬順爲本故云倫也以前經云時爲大順次之故以倫爲順也○社稷至體也○以前經云體次之此覆說體也社稷山川

為天地之別體鬼神是人之別體各有軀體也○注天地至
體也○正義曰神是天之別體社稷山川是地之別體鬼是
人之別體兼云天者社稷山川雖形屬於地精靈上連於天
也此經鬼神之祭則上宗廟之事而別屬體者宗廟至尊事
之須順故屬順也體是人死所為故後屬體也故云天地人
之別體也○喪祭至義也○此釋宜次之也宜義也主人有
喪祭之事應須費用而賓客有賻賵之交是人道之宜也故
後云喪禮忠之至賓客用幣義之至也○羔豚至稱也○此
釋稱次之羔豚而祭百官皆足足猶得也夫臣助祭則各有
俎祭竟播及胞翟雖復羔豚之小而百官一切皆悉得也大
牢而祭不必有餘者假令大牢亦不使有餘也此之謂稱也
者小而皆得大而不餘是各稱在體也○注此指至衆也○
正義曰按儀禮士祭用特牲大夫祭用少牢皆以成牲不用
羔豚此得有羔豚祭者按王制云大夫士有田則祭無田則
薦則無地大夫士薦羔豚也無地
則無臣助祭故云百官踰衆也○諸侯以龜為寶以
圭為瑞家不寶龜不藏圭不臺門言有稱
也古者貨貝寶龜大夫以下有貨耳易曰十朋之龜瑞信也
諸侯執瑞孤卿以下執摯闍者謂之臺○堵本又作闍音

都又丁古反徐音常邪反

〔疏〕諸侯至稱也○正義曰此一節還明上經稱寶之事也但禮主威儀以尊卑大小多少質文各有所宜其稱非一故從此以下更廣明爲稱之事各依文解之○諸侯以龜爲寶者諸侯有保土之重宜須占詳吉凶故得以龜爲寶也○以圭爲瑞者圭兼五等玉也諸侯之於天子如天子之於天也天子得天之物謂之瑞故諸侯受封於天子天子與之圭亦謂爲瑞也書云輯五瑞又云班瑞于羣后是也此云圭不云璧從可知也○家不寶龜者家卿大夫也大夫卑輕不得寶龜故臧文仲居蔡爲僭也○不藏圭者卿大夫不得執玉故不得藏圭○不臺門者兩邊築闍爲基基上起屋曰臺門諸侯有保捍之重故爲臺門而大夫輕故不得也言有稱者結上得與不得各有所稱○注古者至之臺○正義曰言古者貨貝以貝爲貨若今之用錢爲貨也貝有五種按食貨志王莽作金銀龜貝錢布之品名曰寶貨大貝四寸八分以上二枚爲一朋直二百一十六文壯貝三寸六分以上二枚爲一朋直五十文么貝二寸四分以上二枚爲一朋直三十文也也小貝一寸二分以上二枚爲一朋直十文也○不盈寸二分漏度不得爲朋率枚直錢三文是爲貨貝五品又以龜爲寶故云古者貨貝寶龜云易曰十朋之龜者按損卦六五爻云或益之十朋之龜鄭注引爾

雅云一曰神龜郭注此當龜以爲畜在宮沼者二曰靈龜注云今江東所用卜龜黃靈黑靈者此蓋與天龜靈屬一也三曰攝龜注云以腹甲翕然攝斂頭閉藏之即當周禮地與四方之龜知者以皆有奄斂之義故也四曰寶龜即遺我大寶龜及樂記曰青黑緣者天子之寶龜及公羊定公八年龜青純皆是也五曰文龜注甲有文采者河圖云靈龜負書丹甲青文是也言靈者直是神龜之義非天龜也六曰筮龜注云常在蓍叢下者七曰山龜八曰澤龜九曰水龜十曰火龜注此皆說龜所生處也大凡神靈寶文攝唯五體而已家語臧氏家有守龜名曰蔡文仲三年爲一兆武仲三年而爲二兆孺子容三年而爲三兆此云家不寶龜按三正記白虎通天子之龜尺二寸諸侯一尺大夫八寸者彼謂卜龜士亦有龜故士喪禮卜宅是也龜出於蔡故得以爲名也臣瓚注漢書云蔡龜名非也臧氏又有僂句故左氏昭二十五年傳云僂句不余欺是也食貨志云元龜尺二寸直二千一百六十爲大貝十朋公龜九寸以上直五百爲壯貝十朋侯龜七寸以上直三百爲么貝十朋子龜五寸以上直百爲小貝十朋此等皆爲一貝有十朋與十朋之龜義同也云闍者謂之臺爾雅釋宮文

○禮有以多爲貴者天子七廟諸侯五

大夫三士一天子之豆二十有六諸公十有六諸侯十有二上大夫八下大夫六諸侯七介七牢大夫五介五牢天子之席五重諸侯之席三重大夫再重天子崩七月而葬五重八翣諸侯五月而葬三重六翣大夫三月而葬再重四翣此以多爲貴也

豆之數謂天子朔食諸侯相食及食大夫公食大夫禮曰宰夫自東房薦豆六設于醬東此食下大夫而豆六則其餘著矣聘禮致饔餼於上大夫堂上八豆設于戸西則凡致饔餼堂上之豆數亦如此周禮公之豆四十其東西夾各十有二侯伯之豆三十有二其東西夾各十子男之豆二十有四其東西夾各六諸侯七介七牢者周之侯伯也大夫五介五牢者侯伯之卿使聘者也周禮上公九介九牢侯伯七介七牢子男五介五牢聘儀所云上公七介侯伯五介子男三介乃謂其使者也天子葬五重者謂杭木與茵

也葬者杭木在上茵在下士喪禮下篇陳器曰杭木橫三縮二加杭席三加茵用疏布緇翦有幅亦縮二橫三此士之禮一重者以此差之上公四重。介音界副也後皆同俗讀古賀反非也重直龍反下及注皆同翣所甲反相食音嗣下同餼許既反夾古洽反又古協反使色吏反杭木苦浪反又音剛又戶剛反茵音因縮所六反。

【疏】禮有至為貴也正義曰天子七廟尊者誠深孝篤故立廟乃多一世為稱也諸侯五大夫三士一者德轉薄故廟少為稱也士一廟者據下士為言若適士則二廟也。天子之豆二十有六者謂天子朔食也尊者宜備味多乃稱之故多致豆二十有六也。諸公十有六上公也謂更相朝時堂上之豆數也。諸侯十有二者侯伯子男也亦謂相朝時堂上之豆數也。上大夫八下大夫六者皆謂主國食使臣堂上之豆數。諸侯七介七牢者介副也牢大牢也謂諸侯朝天子以大牢禮賜之也周禮公九介九牢侯伯七子男五今言七舉中言之也。大夫五介五牢者臣為君使各降其君二等此五介五牢謂侯伯之卿亦舉中言之。諸侯之席三重者謂相朝時賓主皆然也尊者須溫厚故多重乃稱也三重則四席也熊氏云二重則三席也。大夫再重者卑於人君故也。天子崩七月而葬五重者五重謂杭木與茵也尊者宜堅固故多重也八籩者尊宜多鄭蔽以稱之也。三重六籩者五等同也卑於王故鄭蔽少也然前介及牢不云天子者天子無介牢禮無等及爲賓客之事。再重四籩者諸侯大夫又卑故從而少飾也此以多爲貴也者都結上之文也。注豆之至四重正義曰豆之數謂天子朔食諸侯相食者以文連下大夫六豆上大夫八豆皆食饗大禮明天子諸侯之豆數亦是大禮故爲天子朔食諸侯相食也其天子齊則無文亦當與朔食同也皇氏云天子之豆二十有六者天子庶羞百二十品籩豆各六十今云二十六者説堂上數也堂下東西夾各十七兩十七合三十四三十四就二十六故合六十也今按禮有正羞庶羞故公食大夫禮設韭菹醓醢六豆設于醬東是正羞也將食士羞庶羞設于稻南膷臐膮牛炙之等十六豆謂之庶羞又掌客云公豆四十又云食四十則豆盛正羞食謂庶羞也故鄭注掌客云食者其庶羞美可食者是庶羞與正羞別此上大夫八豆下大夫六豆皆爲正羞而天子二十六豆亦爲正羞故熊氏以爲正羞醓醢百二十饔之等但不知堂夾若爲陳列皇氏以爲庶羞其義非也云公食大夫禮曰宰夫自東房薦豆六設于醬東者鄭引以證下大夫六豆之義云此食下大夫而豆六則其餘著矣者。下大夫六豆設于堂下則天子之豆二十有六諸公十有六諸侯十有二亦設

于堂上顯著可知故云其餘著矣云聘禮致饔餼於上大夫
堂上八豆設于戶西者證明此經上大夫八豆之義也按公
食大夫禮亦有上大夫八豆之文必引聘禮上大夫者此以
公食大夫是食禮聘禮上大夫是致饔餼禮欲見食與饔餼
堂上豆數同故鄭此云凡致饔餼堂上豆數亦如此謂亦如
此食下大夫之禮云周禮公之豆四十其東西夾各十有二
侯伯之豆三十有二其東西夾各十子男之豆二十有四其
東西夾各六此豆數皆周禮掌客文其陳于堂上以東西夾
此鄭以意量之按聘禮致饔餼於上大夫堂上八豆西夾六
豆東方亦如之此是堂上東西夾各設其豆東西夾又減於
堂上之數上公堂上十六豆故知東西夾各十二侯伯堂上
十二故知東西夾各十也子男堂上亦十二故知東西夾各
六也云諸侯七介七牢者周之侯伯也者大行人云上公介
九人禮九牢侯伯介七人禮七牢子男介五人禮五牢此獨
言侯伯者舉中言也云大夫五介五牢者侯伯之卿使聘者
也者按大行人云凡卿大夫士之禮各下其君二等侯伯七
介七牢其臣既降二等故卿大夫五介五牢其介數得各下
其君二等君牢則以爵等五等之卿同牢今言五牢者唯據
侯伯之卿降君二等也其餘牢禮則否云天子葬五重者謂
杭木與茵也者明五重之義云葬者杭木在上茵在下者古

者爲椁累木於其四邊上下不周致茵於椁下所以藉棺從上下棺之後又置杭木於椁之上所以杭載於土引士喪禮下篇陳器曰杭木橫三縮二加杭席三加茵用疏布緇翦有幅亦縮二橫三此士之禮一重者引之者證此經葬五重三重之義也皇氏云下棺之後先加折於壙上以承杭席折猶庪也方鑿連木爲之蓋如牀縮者三橫者五無簀於上加折木杭木之上加杭席三此爲一重如是者五則爲五重茵者藉棺外下縟。用淺色緇布爲之每將一幅輙合縫爲囊將茅秀及香草着其中如今有絮縟。也而縮二橫三每爲一重也杭木上橫三下縮二以其在上象天天數奇故上三也下象地地數偶。故下二也茵則上直二下橫三茵既在下下法地也上數二象地下數三象天以天三合地二人中央也故鄭注士喪禮下篇云謂天三合地二人藏其中焉此皆皇氏之說也今按既夕禮杭木橫三縮二茵縮二橫三鄭注云其用之木三在上茵二在下象天三合地二人藏其中如鄭此注則茵縮二在下皇氏云茵縮二在上橫三在下象天裹於人與鄭注違其義非也云以此差之上公四重者按天子既五諸侯乃三按豆數及棺之重數上公與諸侯不同今諸侯既三明上公四重也熊氏於此明筵之例既是禮之通義今畧載焉熊氏云天子祫祭席五重此文是也禘則宜四重也時

祭三重司几筵職是也受神酢席亦然大朝覲大饗食封國
命諸侯皆然知者司几筵職文其平常朝覲及燕蓋亦三重
席知者以諸侯燕禮有加席故也其卧席則亦下莞上簟則
詩斯干所云是也天子待諸侯則莞筵紛純加繅席畫純待
諸侯之孤亦然故公食大夫禮注云孤爲賓則莞筵紛純加
繅席畫純是也待諸侯之卿大夫則公食大夫上下大夫蒲筵
常緇布純加萑席尋玄帛純注云謂三命大夫是也公食大
夫雖是諸侯之法然天子待之亦然也天子於已臣子孤卿
以下蓋亦然若其燕此上等之人皆單席故燕禮賓無加席
注云燕私禮臣屈也然天子燕臣亦然也祭天則蒲越稾鞂
郊特牲云是也自天地以外日月山川五祀則郊特牲鬼神
之祭單席是也及司几筵云甸役則設熊席注表貉所設席
亦是也顧命席鄭注不用生時席新鬼神之事故也諸侯則
司几筵云祭祀席蒲筵繢純加莞席酢席紛純加繅席是祭
祀二重也諸侯相朝亦二重也相饗此經二重及郊特牲云
大饗君三重席而酢焉於燕則兩重以介爲賓或可賓亦單
席也待聘卿大夫諸侯自坐蓋亦兩重也其聘者身則禮時
及饗食孤則莞筵藻席卿大夫則蒲筵萑席故聘禮之賓改
筵注引公食大夫禮曰蒲筵萑席公燕則以介爲賓故郊特
牲云三獻之介君專席而酢焉此降尊以就卑是也於已臣

子則燕禮賓無加席卿辭重席則司宫徹之諸公亦無加席大射則賓有加席以射辯尊卑故也然則饗食己卿大夫亦重席其祭社稷山川亦單席大夫士祭祀止一席也故特牲少牢無異席也其卿大夫依法再重席燕禮賓及卿一席屈也聘賓爲苟敬席屈大射賓雖加席餘卿一席亦屈也然則孤卿大夫再重正也故鄉射注大夫再重席正也然則鄉飲酒諸公三重席者鄉人特尊之也故諸公升如賓禮辭一席使人去之注謙自同於大夫是也大夫再重有諸公則辭加席委于席端主人不徹無諸公則大夫辭加一席主人對不去加席注云大夫席再重也卿大夫爲主人正一重席者以賓鄉人之賢者故下之也公食賓坐遂卷加席公不辭者注云贊者以告公公聽之重來優賓也凡儀禮之例一種席皆稱重故燕禮注云重席重蒲筵是也所以鄉射大夫辭加席亦是一種稱加者以上己云公三重大夫再重故變云加耳若餘經雖異席亦稱重則此經是也凡席有兩則稱二重有一則稱一重與棺重別也

○有以少爲貴者天子無介祭天特牲天子適諸侯諸侯膳以犢諸侯相朝灌用鬱鬯無籩豆之薦大

夫聘禮以脯醢天子一食諸侯再大夫士三
食力無數大路繁纓一就次路繁纓七就圭
璋特琥璜爵鬼神之祭單席諸侯視朝大夫
特士旅之此以少爲貴也天子無介無客禮也灌獻也一食再食三食謂告飽
也食力謂工商農也大路繁纓一就殷祭天之車也周禮王
之五路玉路繁纓十有二就金路九就象路七就革路五就
木路翦樊鵠纓圭璋特朝聘以爲瑞無幣帛也琥璜爵者天
子酬諸侯諸侯相酬以此玉將幣也大夫特士旅之謂君揖
之。犢音獨本亦作特朝直遥反下及注同灌古亂反注同
鬯丑亮反脯醢上音甫下音海繁步干反下及注同琥音虎
又作虎璜音黄單音丹翦子淺反一音牋鵠胡毒反〔疏〕有以至貴也。正義曰此一
節明以少爲貴亦是稱之義
也。天子無介者爲賓用介而天子以天下爲家既不爲賓
客故無介也。祭天特牲者特一也天神尊尊質故止一特
也。天子適諸侯諸侯膳以犢者諸侯事天子如天子事天
天子事天既用一牛故天子巡守過諸侯境土諸侯奉膳亦

止一牛而已也。諸侯相朝灌用鬱鬯者轉畢須味轉多也
諸侯相朝謂五等自相朝也灌獻也天子祭天不用鬱鬯諸
侯膳天子亦無鬱鬯而自相朝朝享禮畢未饗食之前主君
酌鬱鬯之酒以獻賓示相接以芬芳之德不在殽味也何以
知朝享畢而灌按司儀職云凡諸公相爲賓將幣畢云儐亦
如之鄭云儐謂以鬱鬯禮賓也上於下曰禮敵者曰儐而引
禮器諸侯相朝灌用鬱鬯無籩豆之薦謂此朝禮畢儐賓也
按大行人云上公五禮再祼而酢則諸侯朝天子天子灌。用
鬱鬯此特云諸侯相朝者此經據以少爲貴諸侯於天子無
鬱鬯諸侯相朝則設鬱鬯欲見畢者禮多故特舉諸侯相朝
也無籩豆之薦者義在少而不在味故唯有鬯而無殽也。
大夫聘禮以脯醢者大夫出使行聘禮畢主國禮之酌以酒
而又有脯醢無芬芳之德故須味稍多也。天子一食者食
猶殯也尊者常以德爲飽不在食味故每一殯輒告飽而待
勸之乃更殯故云一食也。諸侯再者德降天子故至再殯
而告飽須勸乃又食。大夫三士三者德轉少告轉疏也故少
牢特牲禮皆三飯而告飽也。食力無數者食力謂工商農
庶人之屬也以其無德不仕無祿代耕故但陳力就業乃得
食故呼食力力也此等無德以飽爲度不須告勸故殯無數也
庾云食力力作以得食也。大路繁纓一就者大路殷祭天

之車也殷猶質以木爲車無別雕飾乘以祭天謂之大路也
繁謂馬腹帶也纓鞅也染絲而織之曰罽五色一帀曰就就
成也言五色帀。一成車既樸素故馬亦少飾止一就也○次
路繁纓七就者次路殷之第三路也供卑用故就多也然郊
特牲云大路一就先路三就次路五就而此云次路七就鄭
注郊特牲以此云七爲誤圭璋特者圭璋玉中之貴也特謂
不用他物媲之也諸侯朝王以圭朝后執璋表德特達不加
物也○琥璜爵者琥璜是玉劣於圭璋者也天子饗諸侯或
諸侯自相饗行禮至酬時則有幣將送酬爵又有琥璜之玉
將幣故云琥璜爵也琥璜既賤不能特達故附爵乃通也崔
氏云諸侯貴者以琥賤者以璜則公侯以琥伯子男以璜也
○鬼神之祭單席者神道異人不假多重自温故單席也○
諸侯視朝大夫特士旅之者視朝謂日出視諸臣之朝者也
特猶獨也旅衆也君行日出路門視諸臣之朝若大夫則君
人人揖之若士則不問多少而君衆共一揖之也是大夫貴
故人人得揖士賤故衆共得一揖是以少爲貴也此諸侯所
尊者少故大夫特士旅之若天子之朝所尊者多故司士云
孤鄉特揖大夫以其等旅揖士旁三揖是也○注天子至揖
之○正義曰此云天子無介謂無以客禮陳擯介也其實餘
事亦有介副故鬯人共介鬯是天子臨鬼神使介執鬯也云

一食再食三食謂告飽也者按儀禮特牲有九飯少牢十一飯鄭云諸侯十三飯天子十五飯此云一食再食與彼不同此據食畢更加飯告飽之數也云食力謂工商農也者以經既云大夫士別云食力大夫士之下唯有工商農故知食力是工商農也若對文言之則庶人食力故晉語云士食田庶人食力工商食官也云周禮王之五路玉路繁纓十有二就金路九就象路七就革路五就木路翦繁鵠纓者皆周禮巾車文按巾車云一曰玉路錫樊纓十有再就建大常十有二斿以祀二曰金路鉤樊纓九就建大旂以賓三曰象路朱樊纓七就建大赤以朝四曰革路龍勒條纓五就建大白以即戎五曰木路前樊鵠纓建大麾以田云圭璋特朝聘以爲瑞無幣帛也者聘禮曰聘君以圭聘夫人以璋是聘也典瑞云公執桓圭侯執信圭伯執躬圭諸侯以相見及朝天子亦無束帛是圭璋朝聘以爲瑞無幣帛按聘禮行享之時則璧以帛琮以錦是加束帛又小行人云以玉合六幣圭以馬注云二王之後享天子璋以皮注云二王之後享后皮馬不上堂唯圭璋特升堂亦是圭璋特義也云琥璜爵者天子酬諸侯諸侯相酬以此玉將幣也者琥璜非爵名經云琥璜爵故知琥璜送爵也按聘禮禮賓之幣束帛乘馬又致饗以酬幣又致食以侑幣鄭云禮束帛乘馬亦不是過也則諸侯於聘賓

唯用束帛乘馬皆不用玉今琥璜送爵故知是天子酬諸侯及諸侯自相酬也○有以大爲貴者宮室之量器皿之度棺椁之厚丘封之大此以大爲貴也○有以小爲貴者宗廟之祭貴者獻以爵賤者獻以散尊者舉觶卑者舉角五獻之尊門外缶門内壺君尊瓦甒此以小爲貴也凡觴一升曰爵二升曰觚三升曰觶四升曰曰角五升曰散五獻子男之饗禮也壺大一石瓦甒五斗缶大小未聞也易曰尊酒簋貳用缶○量音亮皿命景反字林音猛散悉旦反注同觶支豉反缶方有反甒音武觚音孤○【疏】有以至貴也○正義曰貴者獻以爵賤者獻以散按特牲云主人獻尸用角角受四升其器小佐食洗散以獻尸散受五升其器大是尊者小卑者大按天子諸侯及大夫皆獻尸以爵無賤者獻以散之文禮文散亡畧不具也特牲主人獻尸用角角者下大夫也尊者舉觶卑者舉角者崔氏云按特牲少牢禮尸入舉奠觶是尊者舉觶特

牲主人受尸酢受角飲者是卑者舉角此是士禮耳天子諸侯祭禮亡失不具也○五獻之尊者五獻子男之饗禮也凡王饗臣及其自相饗行禮獻數各隨其命子男五命知五獻是子男其饗有酒列尊之法故云尊也○門外缶者缶尊名也列尊之法缶盛酒在門外門內壺者壺亦尊也盛酒陳尊在門內○君尊瓦甒君尊子男尊也子男用瓦甒爲尊故云君尊瓦甒云君尊則壺缶但飲諸臣也不云內外則陳之在堂人君面尊專惠也○此以小爲貴也者小尊近君大尊在門是不重味故以小爲貴爵也○注凡觴至用缶○正義曰一升曰爵二升曰觚三升曰觶四升曰角五升曰散者皆韓詩說文按異義今韓詩說一升曰爵爵盡也足也二升曰觚觚寡也飲當寡少三升曰觶觶適也飲當自適也四升曰角角觸也不能自適觸罪過也五升曰散散訕也飲不能自節爲人所謗訕也總名曰爵其實曰觴觴者餉也觥亦五升所以罰不敬觥廓也所以著明之貌君子有過廓然明著非所以餉不得名觴○古周禮說爵一升觚二升獻以爵而酬以觚一獻而三酬則一豆矣食一豆肉飲一豆酒中人之食毛詩說觥大七升許慎謹按周禮云一獻三酬當一豆若觚二升不滿一豆又觥罰不過一一飲而七升爲過多即駁之云周禮獻以爵而酬以觚觚寡也觶字角旁著氏是與觚相涉

誤爲觚也南郡太守馬季長說一獻三酬則一豆豆當爲斗與一爵三觶相應如鄭此言是周禮與韓詩說同一也此周禮一獻三酬按燕禮獻以觚又燕禮四舉酬熊氏云此一獻三酬是士之饗禮也若是君燕禮則行無筭爵非唯三酬而已若是大夫以上饗禮則獻數又多不唯一獻也故知士之饗禮也云壺大一石瓦甒五斗者漢禮器制度文也此瓦甒即燕禮公尊瓦大也云缶大小未聞也者今以小爲貴近者小則遠者大缶在門外則大於壺矣按禮圖瓦大受五斗口徑尺頸高二寸徑尺大中身銳下平瓦甒與瓦大同引易曰尊酒簋貳用缶易坎卦六四爻辭按六四尊酒簋貳用缶納約自牖終無咎鄭云六四上承九五又五體在震上天子大臣以王命出會諸侯。尊於簋副設玄酒而用缶也

〇有以高爲貴者天子之堂九尺諸侯七尺大夫五尺士三尺天子諸侯臺門此以高爲貴也

〇有以下爲貴者至敬不壇埽地而祭天子諸侯之尊廢禁大夫士棜禁此以下爲貴也

廢猶去也棜斯禁也謂之棜者無足有似於棜或因名云耳
大夫用斯禁士用棜禁如今方案隋長局足高三寸○壇大
冊反棜於據反去起呂反斯禁如字劉有以至貴也○
昌宗音賜隋池果反高如字又古根反疏正義曰天子之
堂九尺此周法也按考工記殷人重屋堂崇三尺鄭差之云
夏高一尺故知此九尺者周法也○至敬不壇掃地而祭者
此謂祭五方之天初則燔柴於大壇燔柴訖於壇下掃地而
設正祭此周法也○天子諸侯之尊廢禁者謂廢去其禁司
尊彝鬱鬯之尊用舟以承之其犧象等六尊皆無用舟又燕
禮諸侯之法瓦大兩有豐是無禁也是天子諸侯廢禁大夫
士棜禁者謂大夫用棜士用禁○注棜斯至高三寸○正義
曰棜斯禁此文謂之棜按鄉飲酒是大夫禮謂之斯禁也棜
長四尺廣二尺四寸深五寸無足赤中畫青雲氣菱茗華爲
飾禁長四尺廣二尺四寸通局足高三寸漆赤中。青雲氣菱
茗華爲飾刻其足爲褰帷之形也云謂之棜者無足有似於
棜或因名云耳者棜是轝名故既夕禮云設棜於東堂下注
云棜今之轝也又注特牲云棜之制如今大木轝矣上有四
周下無足今大夫斯禁亦無足似木轝之棜故周公制禮或
因名此斯禁云棜耳故少牢司宮尊兩甒于房戶之間同棜
是周公時已名斯禁爲棜也今定本無世人二字熊氏以爲

後世人因名云耳謂後世作記之人始名爲棜其義非也云大夫用斯禁者按玉藻云大夫側尊用棜則斯禁也按鄉飲酒兩壺斯禁是大夫用斯禁也玉藻云士用禁又士冠禮士昏禮承尊皆用禁是士用禁也謂之禁者鄭注士冠禮云名之禁者因爲酒戒也按鄉射是士禮而用斯禁者以禮樂賢從大夫也按特牲是士禮而云棜禁在東序士亦言棜者鄭注云棜禁者祭尙厭飫故得與大夫同也云禁如今方案隋長局足高三寸者按漢禮器制度而知今按鄭注儀禮棜今無足轝皇氏以爲棜一頭足一頭無足未知有何馮據且高下不等何以承尊其義非也○禮有以文爲貴者天子龍衮諸侯黼大夫黻士玄衣纁裳天子之冕朱綠藻十有二旒諸侯九上大夫七下大夫五士三此以文爲貴也此祭冕服也朱綠似夏殷禮也周禮天子五采藻○卷本又作衮同古本反黼音甫黻音弗玄字又作纁許云反繅本又作璪亦作藻同子老反注同○有以素爲貴者至敬無文父黨無容大

圭不琢大羹不和大路素而越席犧尊疏布鼏椫杓此以素爲貴也大圭長三尺抒上終葵首琢當爲篆字之誤也明堂位曰大路殷路也鼏或作幂椫木白理也○琢字又作瑑文轉反徐又依字丁角反大羹音泰和胡卧反越席音活犧尊鄭素何反王如字幎本又作幂又作鼏莫歷反椫章善反又市戰反杓市約反長直亮反杼直呂反幕音莫○孔子曰禮不可不省也禮不同不豐不殺此之謂也蓋言稱也省察也不同言異也○殺所戒反又所例反下而殺注芟殺皆同○

疏 禮有至稱也○正義曰天子龍衮諸侯黼大夫黻士玄衣纁裳人君因天之文章以表於德德多則文備故天子龍衮諸侯以下文稍少也然周禮上公亦衮侯伯鷩子男毳孤卿絺大夫玄士爵弁玄衣纁裳今言諸侯黼大夫黻雜明夏殷禮也但夏殷衣有日月星辰山龍今云龍衮者舉多文爲首耳日月之文不及龍也崔云然也○天子之冕朱綠藻十有二旒者亦是夏殷也周藻五采也十二謂旒數也○諸侯九上大夫七下大夫五士三者亦夏殷也周家旒數隨命數又士但爵

弁無旒也○此以文爲貴也者是其稱也○注此祭至采藻
正義曰此祭冕服也既漫云龍袞黼黻故鄭云此是祭祀冕
服也云朱綠似夏殷禮也周禮天子五采藻者鄭據經非周
法也而云朱似夏殷者夏殷無服禮文今此文非周制故云似
也熊氏云朱綠以下是夏殷禮其天子龍袞諸侯黼大夫黻
等皆周法無嫌諸侯雖九章七章以下其中有黼也孤絺冕
而下其中有黻特舉黼黻而言耳故詩采菽云玄袞及黼是
特言黼也詩終南美秦襄公黻衣繡裳是特言黻也熊氏之
義踰於皇氏耳○有以素至貴也○至敬無文至敬謂敬之
至極謂祭天服用大裘是無文也父黨無容者謂父之族黨
是親質素故事之無有折旋揖讓之容○大圭不琢者大圭
天子朝日月之圭也尙質之義但杼上終葵首而無琢桓蒲
之文也○大羹不和者大羹肉汁也不和無鹽梅也大古初
變腥但煑肉而飲其汁未知調和後人祭也既重古故但盛
肉汁謂之大羹不和○大路素而越席者大路殷家祭天車
也越席蒲席也祭天本質素故素車蒲席也犧尊者先儒云
刻尊爲犧牛之形用以爲尊鄭云畫尊作鳳羽婆娑然故謂
娑尊也祭天既用陶匏蓋以瓦爲尊畫犧羽於上或可用犧
爲尊是夏殷禮也用陶也皇氏以爲犧尊即周禮犧象也而
祭天用陶匏者謂盛牲牢及酌酒器其義非也具在特牲疏

疏布幂者疏麤也幂覆也謂郊天時以麤布爲巾以覆尊也故幂人云祭祀以疏布巾幂八尊注云以疏布者天地之神尚質也○樿杓者樿白理木也貴素故用白理木爲杓而鄭注周禮亦云祭天爵不用玉也○注大圭至葵首○正義曰杼殺也長三尺下頭方而殺其上故云杼上終葵首者椎名也於杼上之頭又爲方椎故云終葵首也○孔子至稱也○禮不可不省記者引孔子語証上諸事也省察也禮既有諸事所趣不同不可不察不察則禮道無由可知也禮不同者此是可省之事也不同謂或高下大小文素之異也○不豐者應少不可多是不豐也○不殺者應多不可少也是不殺也此之謂也蓋言稱也者此之謂上諸事也上事名異蓋是各言其有稱故也此此經揔說在人稱之事也

○禮之以多爲貴者以其外心者也外心用心於外其德在表也○德發揚詡萬物詡猶普也徧也○詡況矩反徧音遍大理物博如此則得不以多爲貴乎故君子樂其發也發猶見也樂多其外見也○樂五孝反注同見賢遍反下外見告見皆同【疏】禮之至發也○正義曰此一節以上言稱作記

之人因廣明稱之事○禮之以多爲貴者此說禮之所以須
多爲貴之意以其外心者也謂其用心於外也用心於外謂
起自朝廷廣及九州四海也王者居四海之上宜爲四海所
畏服故禮須自多厚顯德於外於外亦以接物也故云以其
外心者也隱義云萬物在人外非已所有故以多爲貴也○
德發揚詡萬物者此以下解心在外義也詡普也徧也言王
者撫有四海宜發揚其德普徧萬物也○大理物博者言王
者大領理萬物之事廣博如此則得不以多爲貴乎者結上
也既有德發於外徧萬物理博事條如此則豈得不貴多乎
故貴之也○故君子樂其發也者君子則天子也發見也既
須外接故所行事樂得其禮迹發見於外也一云君子謂禮
民下識禮道者也庾云王功被於物君子樂其外見也○禮

之以少爲貴者以其內心者也內心用心於內其德在內德產之致也精微致致密也○致直置反注皆同觀天下之物無可以稱其德者萬物皆天所生孰可奉薦以稱也○如此則得不以少爲貴乎是故君子慎其獨也少其牲物致誠慤○慤字又作

慤苦角反下文同○【疏】禮之至獨也○正義曰此一節亦覆說禮之以少爲貴之意以其內心者也內心謂用心於內也用心於內謂行禮不使外迹彰著也○德產之致也精微者此以下解心在內義也德天地之德也產生也致密也言天地之德生於萬物深密唯精唯微無所遺忘者也盧云天地之德所生至精至微也○觀天下之物無可以稱其德者觀猶覽視也言視天下萬物皆是天地所生若持彼所生以報於彼終非報義故云無可以稱其德者也如此則得不以少爲貴乎者既無物可稱則宜少外多內也是其外迹豈得不貴少乎王云欲徧取萬物以祭天終不能稱其德報其功故以特犢貴誠慤之義也○是故君子慎其獨也者獨少也既外迹應少故君子用少而極敬慎也前云故此云是故者慎之情深故加是也

○古之聖人內之爲尊外之爲樂少之爲貴多之爲美是故先王之制禮也不可多也不可寡也唯其稱也【疏】古之至稱也○正義曰此一節覆說聖人制禮或內或外或少或多然後爲稱也古之聖人內之爲尊者解內心也天不可外報所以內極敬慎而其理

爲尊也○外之爲樂者解外心接物須廣大故外極繁富而
其事可樂也隱義云樂多其外見者謂衣服藪物悉外見物
也已有功德故得使有此物以光輝祀先人爲樂也○少之
爲貴者極心於內故外以少爲貴也○多之爲美者極禮迹
於表故以外多爲美也是故先王之制禮也不可多也不○
可寡也唯其稱也者合結多少乃異而以有稱爲禮也

是故君子大牢而祭謂之禮匹士大牢而祭謂之攘君子謂大夫以上攘盜竊也○樂音洛匹士本或作正士攘如羊反上時掌反〔疏〕是故至之
攘○正義曰此一節說禮既須稱中則得禮僭則盜竊○君
子大牢而祭謂之禮者君子大夫以上大夫常祭少牢遣奠
及卒哭祔用大牢故祭用大牢而謂之禮也○匹士大牢而
祭謂之攘者匹士士也攘盜也士常祭特豚遣奠卒哭祔加
一等少牢若用大牢則是盜竊用君子之禮也然不直言士
而言匹士者更云士言其微賤不得特使爲介乃行故謂之
匹也白虎通云庶人稱匹匹夫者匹偶也與其妻偶陰陽相成
之義也故論語云匹夫匹婦檢於禮本時有匹字作正字者
有通者云天子大夫常祭亦大牢故此文云大夫大牢謂之
禮正也若諸侯大夫自常祭少牢加一等乃大牢耳少牢饋

食是諸侯大夫禮也崔氏亦用此義然盧王禮本並作匹字
矣今定本及諸本並作正字熊氏依此本而爲正字恐誤也

管仲鏤簋朱紘山節藻梲君子以爲濫矣亦濫

盜竊也鏤簋謂刻而飾之大夫刻爲龜耳諸侯飾以象天子
飾以玉朱紘天子冕之紘也諸侯青組紘大夫士當緇組紘
纁邊栭謂之節梁上楹謂之梲宮室之飾士首本大夫達棱
諸侯斲而礱之天子加密石焉無畫山藻之禮也○鏤簋力
豆反下音軌紘音宏藻梲章悅反依字當作棳梁○管仲
上朱儒柱栭音而棱力登反斲陟角反礱力工反【疏】至濫
矣○正義曰此一節明奢而失禮之事管仲鏤簋朱紘者此
是不稱之人也管仲齊大夫也簋盛黍稷器也紘冕之飾用組
爲之以其組從下屈而上屬之於兩旁垂餘爲纓此鏤簋朱
紘是天子之飾而管仲僭濫爲之也山節者山節謂刻柱頭
爲斗拱形如山也藻梲者謂畫梁上短柱爲藻文也此是天
子廟飾而管仲僭爲之也鄭注明堂云山節刻欂盧爲山也
藻梲畫侏儒柱爲藻文也○君子以爲濫矣者君子識禮者
也謂管仲行此事是爲竊濫也○注鏤簋至禮也○正義曰
鏤簋謂刻而飾之鏤謂刻鏤故知刻而飾之云大夫刻爲龜
耳者按少牢敦皆南首鄭注云敦有首者尊者器飾也飾蓋

象龜周之禮飾器各以其類龜有上下甲也龜盬聲相近故
知為龜形也○云諸侯飾以象者按燕禮有象觚故知飾以
象也云天子飾以玉者按周禮九嬪云贊玉齍玉府云共玉
敦是也云朱紘天子冕之紘也諸侯青組紘皆祭義文也○
云大夫士當緇組紘纁邊者按士冠禮緇組紘纁邊是士也
天子諸侯用純大夫當雜故宜與士同也云栭謂之節梁上
楹謂之梲者釋宮文其梁上楹謂之梲孫炎云梁上侏儒柱
也又云栭謂之節李巡本節作榱榱謂欂櫨一名節皆謂斗栱
也熊氏云栭上著木鬚櫺謂之欂櫨即今之楷木也以欂櫨
與栭異物其說非也云宮室之飾士首本大夫達棱諸侯斵
而礱之天子加密石焉者此莊二十四年穀梁傳文彼云大
夫斵之士斵本與此異按禮緯含文嘉云大夫達棱謂斵為
四棱以達兩端士首本者士斵去木之首本令細與尾頭相
應晉語及含文嘉并穀梁傳雖其文小異大意畧同也此管
仲所僭皆天子之禮知者明堂位
云山節藻梲天子之廟飾故也○**晏平仲祀其先人**
豚肩不揜豆澣衣濯冠以朝君子以爲隘矣
隘猶狹陋也祀不以少牢與無田者同不盈禮也大夫士有
田則祭無田則薦澣衣濯冠儉不務新○澣又作浣戸管反

濯直角反朝直遥反監本又作阨於賣反○是故君子之行禮也不可不慎也衆之紀也紀散而衆亂言二大夫皆非也紀絲縷之數有紀

〔疏〕晏平至衆亂○正義曰此一節論儉而不中禮非稱之事○豚肩不揜豆者晏平仲齊大夫也大夫祭用少牢士用特豚而平仲今用豚豚又過小併豚兩肩不揜豆也必言肩者周人貴肩也肩在俎今云豆喻其小假豆言之其實在俎不在豆也澣衣濯冠以朝者大夫須鮮華之美而晏氏澣衣濯冠以朝君是不華也○君子以爲隘矣者隘狹也識禮君子評其大儉褊狹○注祀不至者同○正義曰與無田者○謂與無田之士同不關大夫也無田大夫猶用羔羊也○

孔子曰我戰則克祭則受福蓋得其道矣我我知禮者也克勝也○

〔疏〕孔子至道矣○此一節論孔子述知禮之人自稱戰克祭受福之事我戰則克祭則受福者又引郊特牲語結稱也我謂知禮者克勝也言知禮之人戰必勝祭必受福蓋得其道矣者解所以戰勝而祭受福也戰勝祭受福是所爲得道不多不少隨而稱當也祇爲二大夫之不稱也然此無戰事祇應云祭受福而此連言戰者彼

爲二句相連故合引之也且彼因祭之田獵而教戰選兵祭有戰爭○注我我知禮者也○正義曰知非孔子自我者君子務在謙光不應自言祭祀受福之事故知述知禮者而言我也**君子曰祭祀不祈**祈求也祭祀不爲求福也詩云自求多福福由巳耳○爲于僞反下爲母爲父母皆同**不麾蚤**麾之言快也祭有時不以先之爲快也齊人所善曰麾○摩本又作麾毀皮反齊人謂快爲麾蚤音早**不樂葆大**謂器幣也葆之言褒也○葆音保又保毛反本又作保**不善嘉事**嘉事之祭致夫人是也禮宜告見於先祖耳不善之而祭**牲不及肥大薦不美多品**以禮之義有以小少爲貴也

【疏】君子至多品○正義曰此一節論祭祀之事依禮而行不樂華美祭祀不祈者祈求也凡祭祀之禮本爲感踐霜露思親而宜設祭以存親耳非爲就親祈福報也○不麾蚤者麾快也蚤謂先時也孝子感霜露應心而思親思親而宜祭不以霜露未至而先時早設爲快也○不樂葆大者葆者褒也褒崇高之稱也祭之器幣大小長短自有常宜幣通丈八尺豆盛四升不以貴者貪高大爲之也○不善嘉者嘉事冠昏也人年二十成人自宜冠三十嗣世自宜

昏若無親皆昏三月祭以告廟冠畢埽地而祭禰並是有爲而然非謂善之而設祭牲不及肥大者謂郊牛繭栗宗廟角握社稷尺各有所宜不必須並及肥大也○薦不美多品者薦祭品味宜有其定不以多爲美故郊特牲而社稷大牢是也○注祈求至已耳○正義曰按鄭志荅趙商問祭祀不祈商按周禮設六祈之科禱禳而祭無不祈故敢問禮記者何義也鄭荅云祭祀常禮以序孝敬之心當專一其志而已禱祈有爲言之主於求福豈禮之常也又鄭發墨守云孝子祭祀雖致其誠信與其忠敬而已不求其爲而祝尸嘏主人曰皇尸命工祝承致多福無疆于女孝孫來女孝孫使女受祿于天宜稼于田眉壽萬年勿替引之若此祭祀內盡已心外亦有祈福之義也○注嘉事至是也○正義曰按桓三年齊侯使仲年來聘致夫人于時公取文姜三月廟見故仲年來致夫人于時無祭而云嘉事之祭者當致夫人之時必告廟也故曾子問卿大夫取妻三月有廟見之禮

○孔子曰臧文仲安知禮夏父弗綦逆祀而弗止也燔柴於奧文仲魯公子彄之曾孫臧孫辰也莊文之間爲大夫於時爲賢是以非之不正禮也文二年八月丁卯大事于大廟躋僖公始逆祀是夏父弗

綦爲宗伯之爲也奧當爲爨字之誤也或作竈禮尸卒事而
祭饎爨饔爨也時人以爲祭火神乃燔柴○父音甫不綦音
忌不亦作弗燔音煩又芳云反奧依注作爨七亂反下同彊
苦侯反大廟音太下注太平下文太廟並同躋子西反升也
本又作躋饎昌志反下七亂反

夫奧者老婦之祭也盛於盆尊於瓶

老婦先炊者也盆缾炊器也明此祭先炊非祭火神燔柴似失之○盛音成缾步丁反○

疏

孔子至於瓶○正義曰此以下引仲尼証不得所宜之人也
文仲魯大夫也事莊閔僖文四君時人衆尊爲知禮故孔子
證其不知禮之事以譏時人也○夏父弗綦逆祀而弗止也
者此非禮之一事也魯閔公僖公俱是莊公之子閔適而小
僖庶而大莊公死而立閔爲君僖時爲臣閔少而死後乃立
僖爲君僖死僖公子文公立文二年八月丁卯大事于大廟
是時夏父弗綦爲宗伯典禮侯文公云吾見新鬼大故鬼小
使列昭穆以閔置僖下是臣在君上爲逆亂昭穆時臧文仲
爲卿大夫見有此逆祀之事而不諫使止故云安知禮也○
燔柴於奧者此又非禮之事奧音爨爨以爨煑爲義也禮祭
至尸食竟而祭爨神言其有功於人人得飲食故祭報之而
夏父弗綦爲禮官謂爨神是火神而遂燔柴祭之此是失禮

而文仲又不能諫止之又爲不知禮也○夫奧者老婦之祭
也者既譏燔柴於爨又明祭爨不可以燔柴之義爨者是老
婦之祭其祭畢唯盛食於盆盛酒於瓶畢賤若此何得燔柴
祭之也○注文仲至燔柴○正義曰云文仲魯公子彄之曾
孫臧孫辰也者按世本孝公生僖伯彄彄生哀伯達達生伯
氏缾缾生文仲辰是公子彄曾孫也云莊文之間爲大夫者
按莊二十八年臧孫辰告糴于齊文二年縱逆祀是莊文之
間爲大夫云於時爲賢者襄二十四年左傳云先大夫曰臧
文仲既沒其言立於後世死猶不朽是於時爲賢也云文二
年八月丁卯大事于大廟躋僖公始逆祀者按文二年公羊
傳云大事者何大祫也逆祀奈何先禰而後祖也何休云近
取法春秋惠公與莊公當同南面西上隱桓與閔僖亦當同
北面西上閔僖爲兄弟以繼代言之有父子君臣之道此恩
義逆順故云先禰後祖此公羊之義也按外傳云躋僖公弗
綦云明爲昭其次爲穆以此言之終文公至惠公七世惠公
爲昭隱公爲穆桓公爲昭莊公爲穆閔公爲昭僖公爲穆今
躋僖公爲昭閔公爲穆自此以下昭穆皆逆故定公八年順
祀先公服氏云自躋僖公以來昭穆皆逆是同國語之說與
何休義異公羊董仲舒說躋僖云逆祀小惡也左氏說爲大
惡也許君謹按同左氏說鄭駮之云兄弟無相後之道登僖

公主於閔公主上不順爲小惡也如鄭此意正以僖在閔上謂之爲昭非昭穆也云奧當爲爨字之誤也者下文云老婦之祭盛於盆尊於瓶故知非奧也奧者夏祀竈神其禮尊以老婦配之耳故中霤禮祭竈先薦於奧有主有尸用特牲迎尸以下畧如祭宗廟之禮是其事大也爨者宗廟祭祀尸卒食之後特祭老婦盛於盆尊於瓶是其事小也云或作竈者諸禮記本有作竈字故云或也云禮尸卒食而祭饎爨饔爨也者特牲記注舊說云宗婦祭饎爨亨者祭饔爨用黍肉而已無籩豆俎云時人以爲祭火神乃燔柴者依尸卒食而祭饎爨饔爨當時失禮又以此爲祭火神遂乃燔柴故文云燔柴於奧明失禮也皇氏云弗綦既以逆祀爲是又以燔柴祭爨爲是云祭火神乃燔柴者熊氏云宗伯以實柴祀日月星辰有大火之次故祭火神乃燔柴按異義竈神今禮戴說引此燔柴盆瓶之事古周禮說顓頊氏有子曰黎爲祝融祀以爲竈神許君謹按同周禮鄭駁之云祝融乃古火官之長猶后稷爲堯司馬其尊如是王者祭之但就竈陘一何陋也祝融乃是五祀之神祀於四郊而祭火神於竈陘於禮乖也如鄭此言則祝融是五祀之神祀於郊奧者正是竈之神常祀在夏以老婦配之有俎及籩豆設於竈陘又延尸入奧爨者宗廟祭後直祭先炊老婦之神在於爨竈此祝融并奧及

㜸三者所以不同也○禮也者猶體也若人身體禮不備君子
謂之不成人設之不當猶不備也禮有大有
小有顯有微大者不可損小者不可益顯者
不可揜微者不可大也故經禮三百曲禮三
千其致一也致之言至也一謂誠也經禮謂周禮也周禮六篇其官有三百六十曲猶事也事禮謂今禮也禮篇多亡本數未聞其中事儀三千○當丁浪反未有入室而不由戶者三百三千皆猶誠也
【疏】禮也至戶者○正義曰此一節論因上禮之有稱故此以下廣明三代之禮皆由誠信乃
合亦各依文解之○禮也者猶體也者猶若人身體也體不
備君子謂之不成人釋體也人身體髮膚骨肉筋脈備足乃
爲成人若片許不備便不爲成人也設之不當猶不備也者
合譬也禮既猶如人之有體體雖備但設之不當則不成人
則設禮不當亦不成禮猶人體之不當也所以已祭天地復
祭山川社稷已事生人復祭宗廟是備祭之義也禮有大者

謂有大及多爲貴也有小者謂有小及少爲貴也有顯者謂有高及文爲貴也有微者謂有素及下爲貴也大者不可損小者不可益顯者不可揜微者不可大也者各隨其體而設禮不得不當也○故經禮三百曲禮三千者既設禮大小隨於萬體不可不備故周公制禮遂有三三千三百之多也其致一也者致至也一誠也雖三千三百之多而行之者皆須至誠故云一也若損大益小揜顯大微皆失至誠也周公攝政七年制禮作樂爲設官分職之法亦名周官有六卿每卿下各有屬官六十凡三百六十經秦焚燒之後至漢孝文帝時求得此書不見冬官一篇乃使博士作考工記補之非上之義唯證周禮三百六十職也○未有入室而不由戸者室猶禮也戸猶誠也入室必由戸行禮必由誠故云未有入室而不由戸行禮不由誠者言皆由誠也

君子之於禮也有所竭情盡愼致其敬而誠若謂以少小下素爲貴也若順也有美而文而誠若謂以多大高文爲貴也【疏】君子至誠若○正義曰此經覆明上以少小下素之義有所竭情盡愼致其敬而誠若者謂所以少小下素爲貴者當求諸於內有所求竭已情盡其戒愼致其恭敬而行至誠和順故以少小下素爲貴也

○有美而文而誠若此一經明多大高文爲貴之義有美而文者謂有威儀之美而文章顯著而行至誠和順者章之於外故須多大高文也言內行誠順則以少小下素求諸內也外行誠順則以多大高文章之外也○君子之於禮也有直而行也謂若始死哭踊無節也○有曲而殺也謂若父在爲母期也○期音基有經而等也謂若天子以下至士庶人爲父母三年○有順而討也討猶去也謂若天子以十二公以九侯伯以七子男以五爲節也○去起呂反下去之同有摲而播也摲之言芟也謂芟殺有所與也若祭者貴賤皆有所得不使虛也○摲所監反又所覽反芟所咸反有推而進也謂若王者之後得用天子之禮有放而文也謂若天子之服服日月以至黼黻○放方往反下有放必放同有放而不致也謂若諸侯自山龍以下○不致本或作不至○有順而摭也謂若君沐粱大夫沐稷士沐粱○摭之石反○君子至摭也○正義曰此經廣明禮意不同有直而行也者君子○於禮一事也直而行謂親始死孝子哀慼哭踊無節直任

已天性而行也○有曲而殺也者二事也曲殺謂服父斬衰
三年爲母齊衰期是曲殺也○有經而等也者三事也經常
也常而等謂上自天子下至庶人雖尊卑有異而服其父母
則貴賤同等也○有順而討也者四事也順猶順序討猶去
也謂天子至尊每十二爲節自此以下轉相降差公九侯伯
七子男五順序而稍去之也有摲而播也者五事也摲芟也
播布也謂君祭而羣臣助祭得俎而下至胞翟一切悉有所
得是芟上貴之分以布徧於下也○有推而進也者六事也
謂二王之後已喪天位而天子必推而進之使用王禮也○
有放而文也者七事也放法也謂天子晝日月星辰於衣服
是法天以爲文○有放而不致也者八事也致極也謂諸侯
以下亦有放法而不得極也○有順而摭也者九事也摭猶
拾取也謂若君沐粱大夫用稷士用
粱士卑不嫌是拾君之禮而用之也三代之禮一也民
共由之或素或青夏造殷因一也俱趍誠也由用也素尚白黑尚青者
也言所尚雖異禮則相因耳孔子曰殷因於夏禮所損益可
知也周因於殷禮所損益可知也變白黑言素青者秦二世
時趙高欲作亂或以青爲黑黑爲黃民言從之至今語猶存也〔疏〕三代至殷因○正義曰
爲黃民言從之至今語猶存也〔疏〕此一節廣明三代損益

不同三代之禮一也者謂三代所行之禮雖各別一皆趍於至誠故云一也民共由之者由用也非唯君行禮用誠如一也民亦共用誠如一也。或素者前明三代雖異而俱用誠是同此述其迹異也或素尚白也尚白殷世之禮也或青者尚黑夏世之禮也然夏先殷後今先云或素者記是周時今欲見周因於殷殷因於夏禮也。夏造者往來之禮雖同而先從夏始故云夏造也。殷因者因於夏禮而用之故云殷因也。注一也至存也。正義曰一也俱趍誠也文承上經禮三百曲禮三千其致一也一謂至誠故知此一亦至誠也云青尚黑者也者夏以十三月爲正於時草之萌牙變白而青也夏正尚黑故也青謂黑也云秦二世時趙高欲作亂或以青爲黑黑爲黃民言從之至今語猶存也者按史記秦二世名。胡亥於時丞相趙高欲殺二世未知人從己否乃指鹿爲馬人。畏趙高皆稱鹿爲馬是其事也其以青爲黑以黑爲黃即鹿馬之類也鄭去胡亥既近相傳知之此作記之人在胡亥。之後故或素或青若王肅之說則異於此故家語云夏后以。水德而王色尚黑周以水德王色尚黃舜以土德王色尚白。聖證論王肅以爲夏同堯皆尚其紫色舜土德王尚白而尚青者土以生爲功東方生物之始故尚青土既尚青水則辟之青而用白也故殷是水德而尚白王肅此說與檀弓

緯候文乖不可用也

附釋音禮記注疏卷第二十三

嘉慶二十年重栞
用文選樓藏本校

江西南昌府學栞

禮記注疏卷二十三挍勘記　阮元撰盧宣旬摘録

附釋音禮記注疏卷第二十三　惠棟挍宋本禮記正義卷第三十二

禮器第十

禮器是故大備節

自耕至於食之而肥　惠棟挍宋本同宋監本同岳本同嘉靖本同考文引古本足利本同閩監毛本而誤弗衛氏集説同

措則正　閩監毛本同石經同岳本同嘉靖本同衛氏集説同釋文出錯則云本又作措又作厝○按措正字厝錯並假借字

而不改柯易葉　岳本同嘉靖本同衛氏集説同閩本葉作葉監本同毛本作葉石經作枼案説文葉从艸枼聲篆文枼亦作枼故唐人避世字諱改葉作枼至毛本作葉非也

用此不變傷也　惠棟挍宋本亦作傷宋監本同岳本同嘉靖本同考文引古本足利本同監毛本傷作易衛氏集說同

禮器至饗德　惠棟挍宋本無此五字

禮釋至則行　閩監本同毛本禮釋至三字闕

故經四時柯葉無凋改也　惠棟挍宋本作經此本經誤巡閩監毛本同

解外諧内無怨者　閩監毛本同浦鏜挍解改則

由外内協服　閩監毛本同惠棟挍宋本外内作内外

先王之立禮也節

衆不匡懼　閩監毛本同石經同岳本同衛氏集說同惠棟挍宋本匡作恇注仍作匡嘉靖本同釋文出恇懼云音匡○按恇正字匡假借字

先王至節矣　惠棟挍宋本無此五字

兼說行禮之事　惠棟挍宋本同閩毛本事字闕監本事誤○

禮時爲大節　惠棟挍云禮時爲大節諸侯以龜節宋本合爲一節

稱次之　閩監毛本作之石經同岳本同嘉靖本同衛氏集說同此本之誤也

聿追來孝　閩監本同石經同岳本同嘉靖本同考文引宋板同衛氏集說同毛本追誤道

禮時至稱也　惠棟挍宋本無此五字

皆由禮洽天時　閩監毛本同衛氏集說同齊召南挍洽改合

不能傳立與人　閩監毛本同考文云宋板立作位

鄭荅炅模云　閩本同惠棟挍宋本同監本炅誤灵毛本因改作靈大謬

詩注來勤也　毛本作注此本注誤生閩監本注誤主

上以敬順爲本 惠棟挍宋本同閩毛本敬字闕監本敬誤○

社稷山川雖刑屬於地 閩監毛本刑作形

夫臣助祭則各有俎 閩監毛本同衞氏集說無夫字許宗彥挍夫改大

諸侯以龜爲寶節

闍者謂之臺 閩監毛本同岳本同嘉靖本同衞氏集說同釋文出堵者云本又作闍

直三十丈也也 〔補〕毛本同按也也誤重

○不盈寸二分 閩監毛本同衞氏集說○作又○按段玉裁挍食貨志云當作不成貝不盈寸二分詩正義引亦誤此作○非也

禮有以多爲貴者節

設于醬東此食下大夫而豆六 閩監毛本同岳本同嘉靖本同衞氏集說同惠棟挍

宋本此作北盧文弨挍云此惠改爲北非案正義曰云公食大夫禮曰宰夫自東房薦豆六設于醬東者又曰云此食下大夫而豆六則其餘著矣者句讀截然

謂杭木與茵也　宋監本同嘉靖本同閩監毛本杭作抗正義同岳本同衛氏集說同釋文出抗木音苦浪反○挍依說文正字當作抗从才亢聲

禮有至爲貴也　惠棟挍宋本至作以多二字也作者字

故立廟乃多世爲稱也　閩監毛本同浦鏜挍從衛氏集說乃改以

下大夫六豆設于堂上　閩監毛本俱作堂上此本堂上誤堂下衛氏集說亦作堂上下大夫上有言字

謂亦如此食下大夫之禮　考文引宋板同閩監毛本下作上是也

君牢則以爵等　閩監毛本同衛氏集說同惠棟挍宋本君作若

於上加抗木惠棟挍宋本作抗衛氏集說同此本抗誤折閩監毛本同

茵者藉棺外下縟閩監毛本同衛氏集說同浦鏜挍縟改褥下絮縟同案衛氏集說下絮褥字作褥

地數偶閩監毛本同惠棟挍宋本偶作耦○按耦字今多借爲偶非也

以天三含地二考文引宋板同閩監毛本含作合案下兩引士喪禮下篇鄭注謂天三合地二人藏其中焉文皆作合則此亦當作合字爲是

表貉所設席亦是也閩監毛本同浦鏜挍表貉上補祭字○按浦鏜是也

聘賓爲苟敬席屈閩本同惠棟挍宋本同監毛本苟敬作敬徹

謙自同於大夫是也閩監本同毛本於字闕

卿大夫爲主人正一重席者閩監毛本同盧文弨挍卿改鄉浦鏜挍云正當止字

誤

重來優賓也　考文引宋板同閩監毛本優作擾

有以少爲貴者節

有以至貴也　惠棟挍宋本無此五字

天神尊尊質　閩監毛本同衞氏集說下尊作貴

故比一特也　閩監毛本同齊召南挍特改牲

天子灌亦用鬱鬯　惠棟挍宋本有亦字衞氏集說同此本亦字脫閩監毛本同

言五色帀一成　閩監毛本同衞氏集說帀下有則字

行禮至酬時　惠棟挍宋本同閩監毛本酬下衍酒字衞氏集說同

龍勒條纓五就　惠棟挍宋本作條此本條作條閩監毛本同○按周禮作條注云條讀爲條正

義中凡引詩禮如注讀爲某者即改爲某字此正義例也

有以大爲貴者節

四升曰曰角〔補〕案曰字誤重

有以至貴也惠棟按宋本無此五字

尊於盦副棜閩監毛本同浦鏜按尊上補主國二字於改

有以高爲貴者節

士用棜禁閩監毛本同岳本同嘉靖本同衞氏集說同惠棟云棜字衍案惠棟是也

如今方案閩監毛本同岳本同嘉靖本同衞氏集說如上有禁字宋監本同考文引宋板古本足利本同按正義如上禁字當有

隋長局足閩監毛本同岳本同衞氏集說同釋文出隋長嘉靖本隋誤惰按此本正義作隨

有以至貴也 惠棟挍宋本無此五字

漆赤中青雲氣菱苕華爲飾 毛本同監本誤重雲字閩本青上有畫字衞氏集說同按有畫字是也

椸一頭足一頭無足 閩監毛本同惠棟挍宋本上足字上有有字

何以承尊 毛本同考文引宋板同閩監本承字闕

禮有以文爲貴者節 惠棟挍云宋本分有以素爲貴下爲一節孔子曰禮不可下爲一節

士元衣纁裳 閩監毛本同石經同岳本同嘉靖本同衞氏集說同釋文出熏裳云字又作纁

朱緑藻十有二旒 閩監毛本同石經同岳本嘉靖本同衞氏集說同釋文出緑繅云本又作璪亦作藻

犧尊疏布鼏 閩監毛本同石經同岳本同嘉靖本同衞氏集說同釋文幎云本又作冪又作鼏

抒上終葵首 閩監毛本同岳本抒作杼嘉靖本同衞氏集說同釋文出杼上案正義亦作杼

冪或作幕 閩監毛本同岳本同嘉靖本同衞氏集說同釋文出作幕云音莫考文引足利本幕作冪按釋文經冪本又作冪若注幕作冪將成冪作冪不可讀矣

禮有至稱也 惠棟按宋本無此五字

士三者亦夏殷也 閩本同考文引宋板同監毛本亦作言

孤絺冕而下 閩本同考文引宋板同監毛本絺作希齊召南按云孤下脫卿字希當作絺

有以素至貴也 惠棟按宋本無此六字

後人祭也旣重古 閩監毛本同盧文弨按云也疑衍案衞氏集說無也字

用陶也 閩監毛本同齊召南按用上增周字

故冪人云 閩監毛本作冪衞氏集說同此本冪誤幕按當作冪○

孔子至稱也惠棟挍宋本無此五字

此經總說在人稱之事也閩監毛本同考文引宋板人作上

禮之以多爲貴者節

禮之至發也惠棟挍宋本無此五字

理博事條如此閩本同考文引宋板同監本條作備毛本同又博字誤不

禮之以少爲貴者節

德產之致也精微閩監毛本同石經同岳本同嘉靖本同衞氏集說同釋文出之致云直置反注皆同孫志祖挍云文選何敬祖雜詩注引禮記曰德產之緻也精微鄭元曰緻密也疑唐初本如此後傳寫誤耳○按致緻正俗字段玉裁云說文糸部緻字乃徐鉉所增

致誠慤閩監毛本同岳本同嘉靖本同釋文出誠慤云字又作愨下文同○按依說文當作愨从心㱿聲釋

文作殽假借字

禮之至獨也　惠棟挍宋本無此五字

古之聖人節

古之至稱也　惠棟挍宋本無此五字

是故君子大牢節

匹士大牢而祭　各本同石經亦同釋文出匹士云本或作正士按正義云盧王禮本並作匹字今定本及諸本並作正字熊氏依此本而爲正字恐誤也

是故至之擾　惠棟挍宋本無此五字

管仲鏤簋節

鏤簋朱紘　閩監本同石經同岳本同嘉靖本同衞氏集說同考文引宋板同毛本紘誤人

大夫達棱　閩監毛本同岳本同衛氏集說同釋文出達棱嘉靖本棱誤稜

管仲至濫矣　惠棟挍宋本無此五字

飾蓋象龜　惠棟挍宋本同閩監毛本蓋作器

故知爲龜形也　惠棟挍宋本同閩監毛本作故知刻爲龜也

共玉敦是也云朱紘　惠棟挍宋本同毛本敦是也誤之服玉閩監本敦是也云四字闕

天子諸侯用純　惠棟挍宋本同閩監毛本天子諸侯四字闕

大夫當雜　閩監毛本同惠棟挍宋本雜上有用字

檼謂之欂盧即今之梠木也　惠棟挍宋本同閩監本檼誤穩梠誤楷毛本梠誤楷檼字闕

晏平仲祀其先人節　惠棟挍云晏平仲節宋本分是故君子以下合孔子曰我戰則

克節爲一節

晏平至衆亂　惠棟挍宋本無此五字

與無田者　閩監毛本同惠棟挍宋本者下有同字

無田大夫猶用羔羊也　閩監毛本同考文引宋板無此羊字

孔子曰我戰則克節

孔子至道矣　惠棟挍宋本無此五字

此一節　閩監毛本同惠棟挍宋本此上有正義曰三字

君子曰祭祀不祈節

不麾蚤　閩監毛本同石經同岳本同嘉靖本同衞氏集說同釋文出不摩云本又作麾○按注疏本引釋文作摩是也麾俗摩字

齊人所善曰麾 閩監毛本同岳本同嘉靖本曰作爲

君子至多品 惠棟挍宋本無此五字

孝子祭祀雖致其誠信 閩監毛本同許宗彥挍雖改維

孔子曰臧文仲節

夏父弗綦 各本同石經亦同釋文出不綦云不亦作弗

是夏父弗綦爲宗伯之爲也奧當爲爨字之誤也或作竈禮尸卒食而祭饎爨饔爨也時人以爲祭火神乃燔柴 毛本同岳本同嘉靖本同衞氏集說同惠棟挍宋本同考文引古本同閩監本自爲也以下多闕文

尊於瓶 各本同石經同釋文瓶作缾○按缾瓶正俗字

孔子至於瓶 惠棟挍宋本無此五字

閔適而小 惠棟挍宋本同閩監毛本小作少衞氏集說同

終文公至惠公七世 閩監毛本同許宗彥挍終改從

非昭穆也 閩監毛本同段玉裁挍本昭改爲

故知非與也 閩監毛本同考文引宋板無也字

亨者祭饗爨 閩本同監毛本亨作烹

禮也者猶體也節 惠棟挍云禮也者節君子節君子之於禮節三代之禮節宋本合爲一節

一謂誠也 閩監本同岳本同嘉靖本同衞氏集說同毛本謂字闕

皆猶誠也 閩監毛本同岳本同嘉靖本同衞氏集說猶作由考文引足利本同按毛氏居正云由作猶誤

禮也至尸者 惠棟挍宋本無此五字

骨肉筋脈閩監毛本同衞氏集說同惠棟挍宋本肉作血

猶人體之不當也閩監毛本同惠棟挍宋本猶下有如字

是備祭之義也閩監毛本同惠棟挍宋本無祭字

○故經禮三百曲禮三千者閩本同監毛本○闕

隨於萬體不可不備故周公制禮惠棟挍宋本同閩監毛本於萬體不可不備七字闕

其致一也者致至也一誠也惠棟挍宋本同閩監毛本一也者致至也一誠八字闕

皆須至誠故云一也若損大益小揜顯大微惠棟挍宋本同閩監毛本誠故云一也若損大益小十字闕

周公攝政七年制禮作樂爲設官分職之法惠棟按宋本同閩監毛本七年制禮作樂爲設官分十字闕

每卿下各有屬官六十凡三百六十惠棟按宋本同閩監毛本各有屬官六十凡三百六十十一字闕

至漢孝文帝時求得此書不見冬官一篇乃使博士惠棟按宋本同閩監毛本求得此書不見冬官一篇乃使十二字闕

非上之義唯證周禮三百六十職也○惠棟按宋本同閩監毛本義唯證周禮三百六十職也○十二字闕

室猶禮也戸猶誠也入室必由戸行禮必由誠惠棟按宋本同閩監毛本禮也戸猶誠也入室必由戸行十二字闕

未有入室而不由戶行禮不由誠者言皆由誠也 惠棟挍宋本同閩本不由戶行禮不由誠者言皆由誠也十四字闕監毛本行誤者禮不由誠以下十字闕

君子之於禮也節

謂以少小下素爲貴也若順也 此注在致其敬而誠若之下惠棟挍宋本同毛本同岳本同嘉靖本同閩監本十二字闕

謂以多大高文爲貴也 此注在有美而文而誠若之下惠棟挍宋本同毛本同岳本同嘉靖本同衛氏集說同閩監本九字闕毛本也下衍墨釘

正義曰此經覆明上以少小下素之義 惠棟挍宋本無正義曰三字閩監毛本覆明上以少小下素之九字闕

而誠若者謂所以少小下素爲貴者 惠棟挍宋本同閩監毛本若者謂所

以少小下素爲貴十一字闕

盡其戒愼致其恭敬而行至誠和順惠棟挍宋本同閩監毛本盡其戒愼致其恭敬而行至十一字闕

○有美而文而誠若此一經惠棟挍宋本同閩監毛本○有美而文而誠若八字闕

有美而文者謂有威儀之美惠棟挍宋本同閩監毛本文者謂有威儀之七字闕

章之於外故須多大高文也惠棟挍宋本同閩本監本毛本外故須多大高文七字闕

下素求諸內也外行誠順惠棟挍宋本同閩監毛本求諸內也外行誠七字闕

君子之於禮也有直而行也節

服日月以至黼黻閩監毛本同岳本同嘉靖本同惠棟挍宋本服作象衛氏集說同考文云古本作服足利本作服象

謂若君沐粱閩監毛本粱作梁岳本同嘉靖本同衛氏集說同下士沐粱放此疏放此

君子至摭也〇正義曰惠棟挍宋本無正義曰三字

君子於禮一事也閩監毛本於上有之字

直任己天性而行也惠棟挍宋本同閩監毛本任字闕

子男五閩監毛本有五字此本五字闕

三代之禮節

三代之禮各本作三此本三誤王

青尚黑者也惠棟挍宋本如此宋監本同岳本同嘉靖本同衛氏集說同此本青黑二字互倒閩監毛

本同

至今語猶存也閩監毛本同嘉靖本同衞氏集說同岳本也作焉

三代至殷因○正義曰惠棟挍宋本無正義曰三字

於時草之萌牙閩監毛本同衞氏集說同考文引宋板牙作不山井鼎曰不疑不誤說文古文櫱从木無頭櫱辥同

變白而青也夏正尚黑惠棟挍宋本同衞氏集說同閩監毛本青也夏三字闕

秦二世名胡亥閩監毛本同考文引宋板名作謂

人畏趙高閩監毛本同惠棟挍宋本人作民

即鹿馬之類也考文引宋板同續通解同閩監毛本即鹿作鹿爲

鄭去胡亥既近考文引宋板作去衞氏集說同此本去誤云閩監毛本同

在胡亥之後惠棟挍宋本同閩監毛本胡亥之三字闕

夏后以水德而王閩監毛本同惠棟挍宋本以水作氏金與家語合

周以木德王色尚黃閩監毛本同浦鏜挍黃改赤孫志祖云案家語作尚赤又云堯以火德王色尚黃

舜以土德王色尚白閩監毛本同惠棟挍宋本白作青與家語合

聖證論王肅以爲夏同堯惠棟挍宋本同閩監毛本聖證二字闕

舜土德王尚白而尚青者土以生爲功惠棟挍宋本同閩監本而尚青者四字闕毛本而誤闕字餘同

水則辟之青而用白也惠棟挍宋本同閩監毛本則辟之青四字闕

不可用也惠棟挍宋本此下標禮記正義卷第三十三終記云凡二十九頁

禮記注疏卷二十三校勘記

附釋音禮記注疏卷二十四

禮器

禮記　鄭氏注　孔穎達疏

周坐尸詔侑武方其禮亦然其道一也 言此亦周所因於殷也武當爲無聲之誤也方猶常也告尸行節勸尸飲食無常若孝子之爲也孝子就養無方詔侑或爲詔囿○侑音又本或作宥武音無養羊讓反詔囿音圓下圜丘同本亦作詔圓 夏立尸而卒祭 夏禮尸有事乃坐 殷坐尸 無事猶坐 周旅酬六尸 使之相酌也后稷之尸發爵不受旅 曾子曰周禮其猶醵與 合錢飲酒爲醵旅酬相酌似之也王居明堂之禮仲秋乃命國醵○醵其庶反又其約反與音餘 【疏】周坐至醵與○正義曰此一節論三代尸○不同○周坐尸者此言有周之所因於殷也殷人坐尸周因坐之也○詔侑武方者亦因殷也詔告也侑勸也方常也子事父母就養無方故在宗廟之中

禮主於孝凡預助祭者皆得告尸威儀勸尸飲食無常人也其禮亦然者其於周禮侑尸及詔侑無方之禮亦因於殷禮故云亦然也其道一也者其用至誠之道一也○夏立尸而卒祭者此更本殷周所損益相因也夏祭乃有尸但立猶質言尸是人人不可久坐神坐故尸唯飲食暫坐若不飲食時則尸倚立以至祭竟也○殷坐尸者此殷因夏之有立尸而損其不坐之禮益為恒坐之法也是殷轉文也言尸本象神神宜安坐不辯有事與無事皆坐也○周旅酬六尸者此周之因殷而益之也旅酬六尸謂祫祭時聚羣廟之主於大祖后稷廟中后稷在室西壁東嚮為發爵之主尊不與子孫為酬酢餘自文武二尸就親廟中凡六在后稷之東南北對為昭穆更相次序以酬也殷但坐尸未有旅酬之禮而周益之也然大祫多主而唯云六尸者先儒與王肅並云毁廟無尸但有主也○曾子曰周禮其猶醵與者曾子引世事證周禮旅酬之儀象也醵斂錢共飲酒也凡相敵斂錢飲酒必非忘懷之酢得而遽飲必令平偏不偏頗與周禮次序旅酬相似也其王肅禮作遽注云曾子以為使六尸旅酬不三獻猶遽而畧○告尸至為也○正義曰告尸行節解經詔也勸尸飲食解經侑也案特牲少牢延尸及詔侑相尸之禮皆是祝官則是有常而云無常者熊氏云謂就衆祝之中但是祝官皆

得爲之不常用一祝也案周禮大祝下大夫二人上士四人小祝中士八人下士十有六人是皆得相侑尸也○君子曰禮之近人情者非其至者也近人情者褻而遠之者敬○近附近之近注同遠于萬反郊血大饗腥三獻爓一獻孰郊祭天也大饗祫祭先王也三獻祭社稷五祀一獻祭羣小祀也爓沉肉於湯也血腥爓孰遠近備古今也尊者先遠差降而下至小祀孰而已○爓似廉反是故君子之於禮也非作而致其情也作起也敬非己情也所以下彼○下戶嫁反此有由始也有所法也是故七介以相見也不然則已愨三辭三讓而至不然則已蹙已猶甚也愨愿貌大愿則辭不見情無由至也○蹙本又作慼子六反又音促愿音願大音泰見賢遍反下龍見同故魯人將有事於上帝必先有事於頖宮上帝周所郊祀之帝謂蒼帝靈威仰也魯以周公之故得郊祀上帝與周同先有事於頖

宮告后稷也告之者將以配天先仁也頖郊之學也詩所謂頖宮也字或爲郊宮○頖本或作泮依注音判

晉人將有事於河必先有事於惡池惡當爲呼聲之誤也呼池嘔夷并州川○惡依注音呼又音虖好故反池大河反注同嘔夷烏侯反齊人將有事於泰山必先有事於配林配林林名○泰本或作大音同下注放此三月繫七日戒三日宿慎之至也繫繫牲於牢也戒散齊也宿致齊也將有祭祀之事必先敬慎如此不敢切也○順之至也順當作慎散齊悉旦反下側皆反後放此○故禮有擯詔樂有相步溫之至也皆爲溫藉重禮也擯詔告道賓主者也相步扶工也詔或爲紹○相息亮反注同溫紆運反注同藉徐子夜反道音導

【疏】君子至至也○正義曰此一節論禮以尊遠爲敬近人情爲褻禮之近人情者謂若一獻孰飲食既孰是人情所欲食啗最近人情也○非其至者也既近人情非是敬之至極也○郊血者以近者爲褻遠者爲敬其事非一今此先從鬼神之事而說也郊用犢犢有血有肉肉於人食啗之

事於人情爲近血於人食啗最遠天神尊嚴不可近同人情
故薦遠人情者以爲極敬也○大饗腥者大饗祫祭宗廟也
腥生肉也宗廟爲私比郊爲劣故薦去人情稍近之腥示爲
敬降於天也三獻爓者三獻謂祭社稷五祀也其禮三獻故
因名其祭爲三獻也爓沈湯肉去人情漸近而社稷五祀降
於宗廟故一用爓又明其敬劣也○一獻孰者一獻祭羣小祀
小祀卑酒一獻也其用孰肉孰肉是人情所食最爲褻近小
祀神爲最輕故以褻近人之食祭之表其敬又劣也○注郊
祭至而已○正義曰知郊祭天者郊特牲云於郊故謂之郊
是郊爲祭天也云大饗祫祭先王者也案宗伯以肆獻祼饗
先王以下宗廟之祭凡有六享此云大饗享中最大故爲
祫也此大饗之文在郊血之下故知非大饗帝也云三獻祭
社稷五祀一獻祭羣小祀也者以冕服差之案司服祀四望
山川則毳冕毳冕子男之服子男五獻以下差之也祭社稷
五祀則絺冕宜三獻也祭羣小祀則玄冕宜一獻也云血腥
爓孰遠近備古今也者血爲遠腥次之爓稍近孰最近遠者
爲古近者爲今一祭之中兼有此事故云備古今也云尊者
遠近差降而下至小祀孰而已者郊祭是尊而用血是尊者
先遠也案宗伯祭廟以祼鬯爲始祭社稷五祀以血爲始此
云郊血大饗腥三獻爓者謂祭祀初始降神之外於正祭之

時有此郊血大饗腥之屬正祭之

時皆有血腥有

毛血告幽全是宗廟禘祫

三獻則有血也周宗廟有血腥之屬也云郊與大饗三獻之屬

有執也有此腥可知也宗伯云以肆獻祼享先王是天有五祀云

有執也各有牲腥云三可知獻爓然則郊云以祀則有全烝是郊祭社稷天有五祀云

今所以執爇云者皇氏據郊祭以血肆獻裸享先王是天有五祀云之

明有執也雖言者以迎尸爲皇氏云然此郊設天之與大饗三獻之屬

腥與爓俱以朝事迎尸爲主云其外祭天皆之與腥後設爇爛腥

時之皆在薦皆至後但三獻社稷祭天之與大饗三獻之屬同

廟之文皆是也薦至正後薦五祀又初甲血祭與此大饗則之先並設血也血腥後設爇爛腥同

之屬唯有薦也皇氏之薦爛之時其義故也文降神之時同大饗則之先設血與腥後設爇爛腥同

後進者設也執之禮自說其義當然者先薦者也若設之在先宗伯之

無血論注宗廟語云其血腥以薦之說其義常然者熊氏云宗廟之今案祭先

有小雅之論明文熊氏云其血腥薦者謂之小祀宗伯之

詩用節之論語云禘祭皇氏云其禮自說血腥以薦其義常始者熊氏取其血脅則是

此一血之明文也禘祭云執其爇刀以薦血腥其義非其毛血○毛是故至至也則是

作而致其情也者作起也君子行禮本意所爲上下前人非非○

是私自專輒徒起而致其已情也○此有由始也者既非直
任我情而凡有所行皆有。由以爲始也由謂法天地之道先人
後已○是故七介以相見也者行敬既非直起已情皆有所
由爲始故陳七介以相見申賓主之情也。此言七介者舉中
言之也○不然則已慤者已甚也慤愿貌若不如是陳擯介
相見則甚爲愿慤言愿慤大甚也○三辭三讓而至者依司
儀賓至大門外陳擯介交擯三辭畢君迎賓拜辱至大門三
讓三讓入大門主君每門讓賓一辭是三辭三讓而情意相
至也○不然則已慼者謂慤愿急慼若不爲此三辭三讓則
大急慼情無由達也。○故魯人將有事於上帝必先有事於
頖宮者明相見有積漸之義有事於上帝謂祭天也必先有
事於頖宮之中告后稷告以將配天也是先告卑然後祭尊
也○晉人將有事於河必先有事於惡池者有事於河謂祭
河也必先告惡池小川從小而祭也先告從祀者然後祭河
也齊人將有事於泰山必先有事於配林者有事於泰山謂
祭泰山也先告配林配林是泰山之從祀者也故先告從祀
然後祭泰山此皆積漸從小至大之義也○三月繫七日戒。
三日宿慎之至也者上云先小後大此言事神積漸絜敬之
義三月繫謂祭前三月繫牲于牢也七日戒謂祭前十日於
七日之中散齊戒慎也三日宿者謂祭前三日而嚴宿以致

齊也將祭之時以漸如此謹慎至極也禮須積漸不敢切迫也。故禮有賓詔樂有相步溫之至也者禮既不可卒迫故賓主相見有擯相詔告也但作樂之人今既無目有扶相行步所以擯詔輔相者溫藉之至極也。注上帝至學也。正義曰上帝周所郊祀之帝謂蒼帝靈威仰也者孝經云郊祀后稷以配天喪服小記云王者禘其祖之所自出以其祖配之周人出自靈威仰則后稷配靈威仰也云魯以周公之故得郊祀上帝與周同者明堂位云祀帝于郊配以后稷天子之禮故知也云先有事於頖宮告后稷也者魯人無后稷之廟今將祭天而於頖宮告后稷也云將以配天先仁也者謂將欲以后稷配天先以仁恩存偶之也云頖宮郊之學也者周人立大學於東郊則天子魯侯大學在公宮東也小學在郊詩云斯樂泮水薄采其藻則魯以小學爲頖宮頖宮在郊天子以小學爲辟廱故鄭駁異義云三靈一廱在郊明矣。郊注呼池嘔夷并州川。正義曰此夏官職方之文。注繫繫至切也。正義曰充人云祀五帝則繫于牢芻之三月是繫於牢也云戒散齊也宿致齊也者祭義曰散齊七日致齊三日謂之宿者鄭注儀禮云宿是又戒宿之言肅肅敬之義也云不敢切也者以積漸敬慎不敢偪切也。注皆爲至爲紹正義曰皇氏云溫謂丞藉凡玉以物縕裹丞藉君子亦以威儀擯相以自丞藉今定本作温字則當云温潤相丞藉也禮也者反本脩古不忘其初者也故凶事不詔朝事以樂二者反本也哭泣由中非由人也朝廷養賢以樂樂之也醴酒之用玄酒之尚割刀之用鸞刀之貴莞簟之安而稾鞂之設三者脩古穗去實曰鞂禹貢三百里納鞂服○鸞刀端反莞音官一音丸簟徒點反稾字亦作藳古老反鞂江八反是故先王之制禮也必有主也主謂本與古也故可述而多學也以本與古求之而已

〔疏〕禮也至學也○正義曰此一節論禮之所設反本脩古故可述而多學反本謂反其本性脩古謂脩習於古定本及諸本作循字當作脩○不忘其初者也。由其反本脩古故不忘其初也○故凶事不詔者此凶事及朝事是反本也本謂心也凶事喪親之事也詔告也孝子親喪痛由心發故啼號哭泣不待外告而哀自至是反本還其孝性之本心也○朝事以樂者朝事謂朝廷之事也以樂奏音樂也朝廷是養老尊賢之地爲賢所樂也故臣入門必縣興奏樂之事是反本還其樂朝廷之本心○醴酒之用玄酒之尚者此下三事是脩古也醴酒五齊第二酒也玄酒是水也尚上也言四時祭祀有醴酒之美而陳尊在玄酒之下以玄酒之尊置在上此是脩古也○割刀之用鸞刀之貴者割刀今之刀也鸞刀古刀也今刀便利可以割物之用古刀遲緩用之爲難而宗廟不用今刀而用古刀亦是脩古故也○莞簟之安而槀鞂之設者莞簟今之席也詩云下莞上簟乃安斯寢言其細精而可安人也槀鞂除穗粒取稈槀爲席郊祭不用莞簟之可安而用設槀鞂之麤席亦脩古也○是故先王之制禮也必有主也者主謂本與古也既初不可忘故先王制禮必有反本脩古之法也○故可述而多學也者禮既反本而脩古若欲述行學習但用本與古以求之則可得也故云可述而多學也○注穗去至鞂服○正義曰案禹貢五百里甸服百里賦納緫謂所刈禾也二百里納銍謂刈禾穗也三百里納秸服謂禾去其實唯槀穗也四百里粟五百里米○君子曰無節於內者觀物弗之察矣節猶驗也欲察物而不由禮弗之得矣故作事不以禮弗之敬矣出言不以禮

弗之信矣故曰禮也者物之致也〔致之言至也極也〕〔疏〕君子至致也○正義曰此一節明作事云爲非禮不可無節於內者觀物弗之察矣者節猶驗也內猶心也物萬物也察猶分辯也言若欲外觀察先萬物必先內有識驗之明若心內無明則外不能分辯也○欲察物而不由禮弗之得矣者心由內所識是可節是禮也言若外欲觀察萬物而心不由禮則察物不能得也○故曰禮也者物之致也者引舊語結察物必須禮也致猶至極也無禮既不爲民物敬信故禮所爲萬物之至極也○是故昔先王之制禮也因其財物而致其義焉爾故作大事必順天時〔大事祭祀也春秋傳曰啓蟄而郊龍見而雩始殺而嘗閉蟄而烝○烝之承反〕爲朝夕必放於日月〔日出東方月生西方〕爲高必因丘陵〔謂冬至祭天於圜丘之上〕爲下必因川澤〔謂夏至祭地於方澤之中〕是故天時雨澤君子達亹亹焉〔達猶皆也亹亹勉勉也君子愛物見天雨澤皆勉勉勸樂○亹亡匪〕

反，徐音尾。樂音洛。

【疏】是故至亹焉○正義曰：此一節論必因其財物之性而事天地○因其財物而致其義焉

爾者財物猶云才性也禮既爲一切萬物之至極故聖人制禮因萬物之才性而致其義也故作大事必順天時者自此以下皆因財物之事也但財物大莫過於天故順天時而起也順於天時其事在下○爲朝夕必放於日月者亦順天時也爲朝謂天子春分之日朝日於東門之外爲夕謂天子秋分之夕祀月於西門之外也日是陽故朝旦用事月爲陰故夕晩用事也日旦出自東方故於東方而朝之月初生出自西方故於西方而祀之朝禮有東西之異是放法於日月之始○爲高必因丘陵者爲高謂冬至祭皇天大帝燿魄寶也丘陵謂圓丘天圓而高故祭其天神於圓丘之上也是爲高必因丘陵也○爲下必因川澤者爲下謂夏至祭崑崙之神也川澤方澤也地方而下故祭其神於方澤是爲下必因川澤也○是故天時雨澤君子達亹亹焉者達猶皆也亹亹勉勉勸樂之貌也君子謂天子也天以高圓爲質地以下方爲體天子。愛物爲用故天地感祭而降雨澤天子皆愛物生而勉勉勸樂所以與天地合德也○注大事至而烝○正義曰案成十三年左傳云國之大事在祀與戎故知大事謂祭祀也引春秋傳者桓五年左傳文云啓蟄而郊郊者謂夏正建寅之月蟄蟲啓戶郊祭天也云龍見而雩者謂建巳之月龍星昏而見雩祭天求雨也云始殺而嘗者謂建酉之月陰氣始殺而嘗祭宗廟也云閉蟄而烝者謂建亥之月烝祭宗廟烝衆也萬物皆成可薦者衆○是故昔先王尚有德尊有道任有能舉賢而置之聚衆而誓之古者將有大事必選賢誓衆重事也是故因天事天天高因高者以事也因地事地地下因下者以事也因名山升中于天名猶大也升上也中猶成也謂巡守至於方嶽燔柴祭天告以諸侯之成功也孝經說曰封乎泰山考績燔燎禪乎梁甫刻石紀號也○上時掌反守手又反燎力妙反又力弔反禪善戰反梁父音甫本亦作甫因吉土以饗帝于郊吉土王者所卜而居之土也饗帝于郊以四時所兆祭於四郊者也今漢亦四時迎氣其禮則簡升中于天而鳳凰降龜龍假功成而太平陰陽氣和而致象物○假音格至也饗帝於郊而風雨節寒暑時五帝主五行五行之氣和而庶徵得其序也五行木

爲雨金爲暘火爲燠水爲寒
土爲風○暘音陽燠於六反是故聖人南面而立而
天下大治南面立者視朝○治直吏反及下注同【疏】是故至大治○正義曰上經論作大
事必順天時故此經明舉賢任能敬事天地遂致龜龍降集
寒暑順時○尚有德者謂貴尚有德之人尊有道者謂尊崇
有道之士○任有能者謂使任有能之衆○舉賢而置之聚
衆而誓之者謂至將祭之時選舉賢能置之在於祭位則射
以擇士是也而又聚集其衆而誓戒之則其有不恭則服大
刑是也○是故因天事天者謂因天體之高以高處以事天
則上文爲高必因丘陵是也○因地事地者地體卑下因卑
下之處以事地則前文爲下必因川澤是也○因名山升中
于天者此還因天事天但事天非在一所此謂封禪之時中
成也謂天子巡守至方嶽之下因此有名之大山升進諸侯
成功之事以告於天○因吉土以饗帝于郊者此謂祭五方
之帝因其所卜吉土以爲都饗祭五方之帝於都之四郊升
中于天而鳳凰降龜龍假者假至也此覆說上文升中于天
以天下太平故鳳凰隨德而降龜龍感化而至○饗帝於郊
而風雨寒暑時者覆說前文因吉土以饗帝以陰陽順序故風
雨應節寒暑順時然上因天事天因地事地是圜丘方澤不

有感致者以圓丘方澤等未太平之時未能感致故不云升中于天此是大平之後故致鳳凰與龜龍吉土饗帝雖未太平已行此禮但功成之後陰陽彌更順之故舉以言焉若據太平饗帝則致時和自然圓丘方澤太平之時致祥瑞可知〇是故聖人南面而立而天下大治者以其尚德尊賢奉天事地陰陽旣合嘉瑞並來以是之故聖人但南面而立朝夕視朝而天下大治〇注名猶至號也〇正義曰大山謂方嶽也巡守至於方嶽燔柴祭天告以諸侯之成功也此謂封禪也太平乃封禪其封禪必因巡守而爲之若未太平但巡守而已其未太平巡守之時亦燔柴以告至故王制說天子巡守必先柴若太平巡守之時初到方嶽以燔柴告至之後乃考諸侯功績及封土爲壇更燔柴祭天告諸侯之成功也此唯泰山爲之餘嶽則否其巡守則每嶽皆至也而皇氏云太平乃巡守案詩頌時邁巡守告祭柴望時邁武王之詩而有巡守之禮武王未太平何得云太平乃巡守其義非也云孝經說曰至刻石紀號皆孝經緯文也封乎泰山者謂封土爲壇在於泰山之上考績燔燎者謂考諸侯功績燔柴燎牲以告天禪乎梁甫者禪讀爲墠墠謂除地爲墠在於梁甫以告地也梁甫是泰山之旁小山也刻石紀號也者謂刻石爲文紀錄當代號謚案白虎通云王者易姓而起必升封泰山何報告之

義所以必於泰山何萬物之所交代之處也必於其上何因高告高順其類故升封者增高也下禪梁甫之基廣厚也刻石紀號者著已之功迹以自勸也增泰山之高以報天附梁甫之基以報地或曰封者金泥銀繩或曰石泥金繩封之印璽故孔子曰封泰山觀易姓而王可得數者七十有餘三皇禪於繹繹之山五帝禪於亭亭之山三王禪於梁甫之山繹繹無窮之意禪於有德者而居之無窮已亭亭者制度審諦道德著明梁甫者梁信也甫輔也信輔天地之道今案書說禪者除地爲墠而白虎通云以禪讓有德其義非也案史記封禪書齊桓公欲行封禪管仲諫止辭云自古封禪七十二家夷吾所識十有二焉昔有無懷氏封泰山禪云云伏犧氏封泰山禪云云神農炎帝黃帝顓頊帝嚳堯舜禹湯周成王皆封泰山唯禹禪會稽成王禪社首其餘皆禪云云者亦泰山旁小山名也但白虎通與史記禪處不同未知孰是也白虎通又云王所以巡守何巡者循也守者牧也謂循行天下牧人道德大平恐遠近不同政化幽隱有不得其所者故必自行之謹敬重民之至也熊氏云大平乃巡守其義非也已難於上○注吉土至則簡○正義曰饗帝于郊以四時所兆祭於四郊者也謂木帝於東郊火帝於南郊金帝於西郊水帝於北郊土帝亦於南郊又王者各祭感生之帝於南郊故

小宗伯云兆五帝於四郊謂此也○注五帝至爲風○正義曰五帝主五行者卽蒼帝靈威仰之屬分主五行各主七十二日故坤靈圖云五帝東方木色蒼七十二日云云是也云庶徵得其序也者卽尚書洪範八曰念用庶徵庶衆也徵驗也謂衆行得失之驗云五行木爲雨金爲暘火爲燠水爲寒土爲風○案洪範曰肅時雨若曰乂時暘若曰哲時燠若曰謀時寒若曰聖時風若是五行之氣各有所主也鄭義五行所主如此也○天道至教聖人至德目下事也廟堂之上罍尊在阼犧尊在西廟堂之下縣鼓在西應鼓在東禮樂之器尊西也小鼓謂之應犧周禮作獻○罍音雷犧素河反注及下同縣音玄應應對之應作獻本又作戲同素河反下同君在阼夫人在房人君尊東也天子諸侯有左右房大明生於東月生於西此陰陽之分夫婦之位也大明日也分扶問反○君西酌犧象夫人東酌罍尊象日出東方而西行也月出西方而東行也周禮曰春祠夏禴祼用

雞彝鳥彝皆有舟其朝踐用兩獻尊其再獻用兩象尊皆有罍諸臣之所酢。夏禴戸嫁反下音藥祼古亂反彝徐音夷

禮交動乎上樂交應乎下和之至也 言交乃和

【疏】天道至至也。正義曰此一節明天道用教以示人聖人則放之以爲德故君立於阼以象日夫人在西房以象月天道至教者謂天垂日月以示人以至極而爲之教。聖人至德者聖人法天之至極而爲德。廟堂之上罍尊在阼犧尊在西者罍尊在阼謂夫人所酌也犧尊在西謂君所酌也。廟堂之下縣鼓在西應鼓在東者縣鼓謂大鼓也在西方而縣之應鼓謂小鼓也在東方而縣之熊氏云此謂諸侯時祭所用之禮故罍尊夫人所酌也若天子之祭則罍尊在堂下故禮運云澄酒在下酒謂三酒在堂下司尊彝云皆有罍諸臣之所酢則君不酌罍也案大射禮建鼓在阼階西南鼓應鼙在其東一建鼓在南東鼓朔鼙在其北一建鼓在西階之東南面大射禮是諸侯之法此亦諸侯之禮所以大鼓及應所縣不同者熊氏云大射謂射禮也此謂祭禮也是諸侯之法雖同諸侯祭射有異案大射注云應鼙應朔鼙也又云便其先擊小後擊大也以此言之則朔鼙應鼙皆大鼓之旁先擊朔鼙次擊應鼙乃擊大鼓以其相近故云便也以其稱朔朔

始也故知先擊朔鼙以其稱應故知應朔鼙也又大射稱建鼓此云縣鼓大射應鼓既在大鼓之旁此應鼓在東乃與縣鼓別縣者皆謂祭與射別也。君西酌犧象夫人東酌罍尊者案上云罍尊在阼當阼階堂上而設之則犧尊在西當西階堂上而陳之故君於阼階西嚮酌犧尊夫人於西房之前東嚮酌罍尊。禮交動乎上者謂君與夫人酌獻之禮交相動於堂上也。樂交應乎下者謂縣鼓應鼓相應在於堂下。和之至也者謂堂。上下禮樂交相應會和諧之至極也。注禮樂至作獻。正義曰禮樂之器尊西者。也。鄭據此經而論犧尊貴於罍尊而犧尊在西縣鼓大於應鼓而縣鼓在西故云禮樂之器尊西云犧周禮作獻者案周禮司尊彝兩犧尊字作兩獻尊鄭云獻讀爲犧。注人君尊東至右房。正義曰此以經云君在阼夫人在房故云。君尊東云天子諸侯有左右房者以卿大夫以下唯有東房故鄉飲酒鄉射尊於房戶間賓主夾之無西房也知天子諸侯有左右房者以士喪禮主婦髽于室在主人西喪是記君之喪婦人髽帶麻于房中亦當在男子之西故彼注亦云則西房也又顧命云天子有左右房此云夫人在房又云夫人東酌罍尊是西房也故云天子諸侯有左右房。注象日至所酢。正義曰引周禮司尊彝者證罍尊與此經中夫人東酌罍尊不同故引以明之見其不同之意春祠夏禴祼用雞彝鳥彝之屬其義具於明堂疏於此畧之○禮也者反其所自生自由也制禮者本己所由得民心也樂也者樂其所自成作樂°緣民所樂於已之功舜之民樂其紹堯而作大韶湯武之民樂其濩伐而作濩武○濩戸故反又作濩是故先王之制禮也以節事動反本也脩樂以道志勸之善也○道音導故觀其禮樂而治亂可知也國亂禮慢而樂淫也蘧伯玉曰君子之人達觀其禮樂則知治亂也蘧伯玉衞大夫也名瑗○蘧其居反瑗于卷反故觀其器而知其工之巧觀其發而知其人之知禮樂亦猶是也○知音智故曰君子慎其所以與人者將以是觀

【疏】禮也至人者○正義曰前經明禮樂相交故此經更論先王制禮樂以節事道志化民治下也○禮也者反其所自生者自由也言王者制禮各反其本王業所由生以制禮也猶若殷周爲民除害以得民心初生王業其

制禮還以得民心之事而爲禮本○樂也者樂其所自成者自亦由也言王者制樂樂已所由成者以制樂若殷周之等民樂其用武除殘討惡以成王業故作樂以尚其威武也但禮之與樂俱是象其王業所由但禮據王業之初樂據王業之末但太平功成治定之後制禮本論其初故云反其所自生作樂論其末故云樂其所自成○是故先王之制禮也以節事者以禮爲反本故用禮以節萬事動皆反本以初生王業用此禮以得民心故用民心之義以節事宜○脩樂以道志者王者脩治所作之樂以道達已志由已用此樂以成王業故脩正其樂以勸道已志使行之不倦○故觀其禮樂而治亂可知也者若能以禮節事以樂道志則國治也若不以禮節事不以樂道志則國亂也故云治亂可知也○蘧伯玉曰君子之人達者達謂通達言有德君子自達義理觀其禮樂則知治亂蘧伯玉先有此言故記者引之結成治亂可知之事○故觀其器而知其工之巧者此又工匠之事譬喻禮樂觀其器之善惡而知工匠巧拙器善則工巧器惡則工拙○觀其發而知其人之知者此又以人事譬喻禮樂觀其人之發動所爲而知其人之有知若發皆中則知有知若發而不中則知無禮樂亦猶是也若禮正而樂和則知其國治若禮慢而樂淫則知其國亂也○故曰君子愼其所以與

人者禮樂既爲人之所觀以此之故君子治國以謹慎其所以與人相接者謂禮樂之事此禮樂者謂與人交接之具故慎之言將以見觀之○注自由至心也○正義曰制禮者本已所由得民心者若舜元由能紹堯之功得民心而初王業全制禮之時還基本初時得民心之事而制禮若舜質素是初則陶於河濵後制禮則尚質素故考工記云有虞氏尚陶是也禹則治水始立溝洫後制禮則尚其工匠之事夏后氏尚匠是也湯則以桀荒淫器物失所湯以制禮樂之事器而得民心殷人尚梓是也周武王以紂昏淫尊卑無敘故尚文物車服之屬而得民心周人尚輿是也此皆本其所以得民心是也○注作樂至濩武○正義曰作樂者緣民所樂於已之功作樂章功成之事已之功成人之所樂故云所樂於已之功也舜之民樂舜紹堯而作大韶湯武之民樂其濩伐而作濩武者此民亦因其所由與禮不異但禮雖治定乃作則本其初始得民心之時樂以成功乃爲即歌當時喜樂之事所以與禮異也但禮是初始得民心而已樂是樂其末故其民心樂其紹堯樂其濩伐○注動反本也○正義曰王者治國動皆反本萬事皆以禮節之○注勸之善也○正義曰經云脩樂以道志樂是功成之極故王者作樂之後恒脩治此○太廟之樂以勸道已志行善不忘故云勸之善也

內敬矣君親牽牲大夫贊幣而從納牲於庭時也當用幣告神而殺牲○從才用反下同君親制祭夫人薦盎親制祭謂朝事進血膋時所制者制肝洗於鬱鬯以祭於室及主○盎烏浪反膋了彫反君親割牲夫人薦酒親割謂進牲孰體時卿大夫從君命婦從夫人洞洞乎其敬也屬屬乎其忠也勿勿乎其欲其饗之也勿勿猶勉勉也○洞音慟屬之玉反納牲詔於庭血毛詔於室羹定詔於堂三詔皆不同位蓋道求而未之得也肉謂之羹道猶言也○定徐丁罄反一音如字設祭于堂設祭之饌於堂人君禮焉爲祊乎外祊祭明日之繹祭也謂之祊者於廟門之旁因名焉其祭之禮既設祭於室而事尸於堂孝子求神非一處也周禮曰夏后氏世室門堂三之二室三之一詩頌絲衣曰自堂徂基○祊百彭反繹音亦處昌慮反故曰於彼乎

於此乎不知神之所在也

〔疏〕太廟至此乎○正義曰此一節論祭宗廟之事○太廟之內敬矣者舉大祫之祭故云大廟其實諸廟亦皆敬矣此章所論謂侯伯子男祭廟之禮○君親牽牲大夫贊幣而從者此謂祼鬯既訖君出廟門以迎牲牽牲而入納於庭之時也於時須告神以殺牲大夫則贊佐執幣而從君君乃用幣以告神○君親制祭夫人薦盎者此謂殺牲已畢進血腥之時。斷制牲肝洗以鬱鬯入以祭神於室於此之時夫人薦盎齊以獻之侯伯子男之。君朝踐君不獻故夫人薦盎○君親割牲夫人薦酒者謂薦孰時君親割牲體於時君亦不獻故夫人薦酒○卿大夫從君命婦從夫人者謂制祭割牲之時則卿大夫從君也薦盎酒之時命婦從夫人也○洞洞。其敬也者洞洞質慤之貌言君與夫人卿大夫之等皆容貌洞洞然其為恭敬也○屬屬乎其忠也者屬屬專一之貌其心則屬屬然專一盡其忠誠也○勿勿乎其欲其饗之也者勿勿猶勉勉也言中心勉勉乎欲望神之歆饗○納牲詔於庭者詔告也謂牲入在庭以幣告神故云詔於庭○血毛詔於室者謂殺牲取血及毛入以告神於室○羹定詔於堂者羹肉湆也定孰肉也謂煑。既孰將欲迎尸主入室乃先以俎盛之告神於堂是薦孰未食之前也三詔皆不同位蓋道求而未之得也者道言也所以三詔皆不同位者蓋言求而未之得也故於三處告之。設祭於堂者謂薦腥爓之時設此所薦饌在於堂。爲祊乎外者祊謂明日繹祭在廟門之旁謂之祊言爲此祊祭在於廟門外之西也。故曰於彼乎於此乎者以其不知神之所在或祭之於堂或祭之於外不知此於彼堂乎於彼室乎於此祊乎以古語有此故記者引以結之。注納牲至殺牲。正義曰下云納牲詔於庭此有大夫贊幣故知納牲於庭時用幣以告神。注親制至及圭。正義曰親制祭謂朝事進血膋時者案郊特牲云取膟膋燔燎升首報陽也又祭義取膟膋之後又爓祭祭腥則膟膋所用在腥爓之前故知血膋是朝事時也云所制者制肝洗於鬱鬯者約漢禮而知也知祭於室及主者郊特牲云詔祝於室是也。注親割至體時。正義曰皇氏以爲謂薦孰之時進牲之孰體也熊氏禮本牲爲腥也謂薦腥體孰體薦腥體謂朝踐薦腥時孰體謂饋食薦孰時案經文君親制祭夫人薦盎君親割牲夫人薦酒薦酒薦盎既不得同時則割牲何得薦腥兼薦孰熊氏之說非也。注肉謂之羹。正義曰爾雅釋器文。注設祭至禮焉。正義曰知者特牲少牢皆設饌在奧此言設饌於堂故知人君禮也。注祊祭至徂基。正義曰此云爲祊乎外稱外故知明日繹祭也郊特牲云索祭祝于祊不云外故鄭彼注不云明日繹祭也云謂之祊者於廟門外之旁因名焉者以繹宮云廟門謂之祊今日繹祭於廟門外之西旁因以廟門爲稱故云因名焉云其祭之禮既設祭於室而事尸於堂者以正祭設饌在室故知繹祭亦設饌在室案有司徹上大夫賓尸坐尸侑於堂酌而獻尸故知人君繹祭亦事尸於堂也但卿大夫賓尸禮畧不設祭於室又不在廟門異於君也云夏后氏世室門堂三之二室三之一者證廟門之旁有室有堂也又引詩頌絲衣之篇者證繹祭在堂事尸也絲衣之篇論繹祭之時從堂上往於堂下之基故云自堂徂基〇注不知至在也〇正義曰案郊特牲云不知神之所在於彼乎於此乎此文唯云於彼乎於此乎故鄭引彼上文爲注以會此文明是一也〇

一獻質謂祭羣小祀也**三獻文**謂祭社稷五祀**五獻察**察明也謂祭四望山川也**七獻神**謂祭先公

【疏】一獻至獻神〇正義曰此一節明祭諸神獻數之差取義各別〇一獻質者謂祭羣小祀最卑但一獻而已其禮質畧〇三獻文者謂祭社稷五祀其神稍尊比羣小祀禮儀爲文飾也〇五獻察者謂祭四望山川其神既尊神靈明察〇七獻神者謂祭〇先公之廟禮又轉尊神靈尊重也〇注謂祭先公〇正義曰鄭知然者案周禮司服職玄冕一章祭

羣小祀故知一獻當祭羣小祀絺冕三章祭社稷五祀故知三獻祭社稷五祀也毳冕五章祀四望山川故知五獻祭四望山川也鷩冕七章享先公故知七獻祭先公也案此社稷三獻卑於四望山川而大宗伯職云以血祭。社稷五嶽又大司樂祭社稷奏大蔟祀四望奏姑洗又禮緯云社稷牛角握五岳四瀆角尺以此言之則社稷尊於四望山川而獻與衣服卑者熊氏云獻與衣服從神之尊卑其餘處尊者以其有功與地同類故進之在上從國中之神莫貴於社稷之類直以功見尊其實卑也以是地別神故不爲尊也○大饗其王事與盛其饌與貢謂祫祭先王○事與音餘三牲魚腊四海九州之美味也籩豆之薦四時之和氣也此饌諸侯所獻○腊音昔內金示和也此所貢也內之庭實先設之金從革性和荊楊二州貢金三品○內音納束帛加璧尊德也貢享所執致命者君子於玉比德焉龜爲前列先知也龜知事情者陳於庭在前荊州納錫大龜金次之見情也金炤物金有兩義先入後設○見賢遍反下注世一見同炤音照本亦作照丹漆絲纊竹箭與衆共財也萬民皆有此物荊州貢丹兖州貢漆絲豫州貢纊楊州貢篠簜。纊音曠綿也劉昌宗古曠反簜大黨反其餘無常貨各以其國之所有則致遠物也其餘謂九州之外夷服鎮服蕃服之國周禮九州之外謂之蕃國世一見各以其所貴寶爲摯周穆王征犬戎得白狼白鹿近之。蕃本亦作藩方煩反下同近附近之近其出也肆夏而送之蓋重禮也出謂諸侯之賓也禮畢而出作樂以節之肆夏當爲陔夏。肆依注作陔古來反法又作祴音同

〔疏〕大饗至禮也。正義曰此一節明天子大饗之事諸侯各貢其方物奉助祭之禮。大饗其王事與者饗謂饗祭先王饗中之大謂祫也其王家之事與與是語辭也諸侯雖有祫祭不可致有九州之物唯王者乃然故云其王事與也三牲魚腊四海九州之美味也者言此等是諸侯所貢故云九州之美味也。籩豆之薦四時之和氣也者此亦諸侯所貢實於籩豆是四時和氣所生故云四時和氣也。內金示和也者謂諸侯所貢納金以爲庭實示其柔和也以金能從革故也。束帛加璧尊德也者謂朝而行享之時以束帛加璧

於上尊崇其德也以君子之德與玉相似故尊之也龜為前列先知也者此謂布庭實之時龜在衆物之前而為列先其有知也以龜有靈知故云先知也○金次之見情也者陳列此金次在龜後所以次在龜後者以金能炤物露見其情○丹漆絲纊竹箭與衆共財也者龜金之後布陳丹之與漆也絲也纊也竹也箭也與天下衆人共有此財也故諸侯之朝來而貢之陳列在下其餘無常貨各以其國之所有則致遠物也者知以上所陳謂九州之內諸侯此言其餘者謂九州之外其於四海之國無常貢之貨各於其國之當時所有而貢之則招致遠物也其出也肆夏而迗之蓋重禮也者肆夏當為陔夏其諸侯之賓禮畢而出去則奏陔夏之樂而迗之蓋貴重於禮雖禮畢而出猶陔夏而戒之使不失禮○注盛其至先王○正義曰盛其饌者即三牲魚腊籩豆是也貢者則內金示和龜為先列之屬是也謂祫祭先王者以有三牲魚腊則非祭天以內金布庭實又非饗實饗實時無此庭實故也知非朝而貢物謂之大饗者以朝而貢物不名大饗孝經云四海之內各以其職來助祭故知此大饗是祫祭也以饗中最大故稱大饗○注此所至三品○正義曰知為庭實者左傳云庭實旅百奉之以玉帛故知金為庭實今先設金者發首先云內金故知先設金云荆楊二州貢金三品者禹

貢文鄭注以爲金銀銅三品者三色也。

正義曰注以爲金璧加璧行事之時所執致命也。云君子於玉比德焉者謂諸侯執玉致命欲自勵勉以玉能豫仍知德。

又示敬以玉德焉者謂諸侯行事之時所執致命者觀禮以文德也。云

吉凶故知事情云於玉比王大龜知至大來致命仍知德。

在馬然後陳故知王以玉比王陳於庭在前者龜大龜隨之注龜泉物最在前仍。

曰金炤物乃觀禮云云馬於庭在前者龜大龜隨之注龜所至後初享物最在前仍。

兩義云金炤後陳禮匹馬卓上九馬隨之據與正義一和二是後設以馬。

是後設乃陳龜金竹箭之等是也內者示和丹先入是州貢在馬。

義曰其設。先注後設蔿民敱者此經先云正義金示一和二是後設以馬。

豫州貢云。先注入者解經金竹箭之等是也內者示和丹先入是州貢在馬。

人曰其貢楊州貢篠簜禹貢云篠簜既敷正義曰荊州貢丹入是陳貢故云。

也其六服之外乃云九州之外夷之服各以其所禮之行爲。

擊陳六餘謂九州之外夷服鎮國蕃國其餘至充州之貢漆絲後。

戎也祭云周穆王征犬戎得往征之唯有近夷之鎮服者案周語之犬。

彼因公謀父諫征不貢而來故云近之白狼白鹿四案其貢寶也。

注出謂征至陜非因正義曰夏當爲陜夏者謂其貢寶云王。

出入奏王夏。尸出入奏昭夏大大饗不入牲其。

它皆如祭祀今破爲陜夏者以大司樂之文大饗諸侯則諸。

侯出入奏肆夏此經是助祭之後無算爵禮畢客醉而出宜奏陔夏故燕禮大射賓出奏陔夏明不失禮也○祀帝於郊敬之至也言就而祭之不敢致也宗廟之祭仁之至也仁恩也父子主恩也喪禮忠之至也謂哭踊袒襲也○袒襲音但下音習備服器仁之至也謂小斂大斂之衣服葬之明器賓客之用幣義之至也謂來賻賵故君子欲觀仁義之道禮其本也言禮有節於內可以觀也

【疏】祀帝至本也○正義曰此一節摠明祭祀死喪賓客之等所以禮爲備具人道之至也○祀帝於郊敬之至也者天尊彌遠祭之宜極盡於敬故云敬之至也○宗廟之祭仁之至也者宗廟主親祭之必極盡於仁愛故云仁之至也○喪禮忠之至也者親戚之喪必盡忠心追念故云忠之至也○備服器仁之至也者此亦據喪禮備此小斂大斂之衣服及葬之明器亦是仁愛之親故云仁之至也○賓客之用幣義之至也者此亦喪禮賓客用幣帛以相賻賵於事合宜故云義之至也○故君子欲觀仁義之道禮其本也者言君子欲觀其人行仁義之道必

須用禮爲其本若行合於禮則有仁義若不合於禮則無仁義故云禮其本也案前文有仁有義有敬有忠此不言敬與忠者舉仁義則忠敬可知也 君子曰甘受和白受采忠信之人可以學禮苟無忠信之人則禮不虛道是以得其人之爲貴也道猶由也從也○和戶臥反【疏】君子至貴也○正義曰前文觀仁義之道禮爲其本此經明學禮之人唯須有忠信○甘受和白受采者記者舉此二物喻忠信之人可得學禮甘爲衆味之本不偏主一味故得受五味之和白是五色之本不偏主一色故得受五色之采以其質素故能包受衆味及衆采也○忠信之人可以學禮者必致忠誠言又信實質素爲本不有雜行故可以學禮也○苟無忠信之人則禮不虛道者苟猶誠也道猶從也言人若誠無忠信爲本則禮亦不虛空而從人也言雖學禮而不得也○是以得其人之爲貴也者其人卽忠信之人也學禮得忠信之人則是禮道爲貴也○孔子曰誦詩三百不足以一獻一獻之禮不足以大饗大饗之禮

不足以大旅大旅具矣不足以饗帝誦詩三百喻習多言而不學禮也大旅祭五帝也饗帝祭天毋輕議禮謂若誦詩者不可以強言禮○強其丈反【疏】孔子至議禮○正義曰此一節明禮之爲貴貴於衆事○誦詩三百不足以一獻者假令習誦此詩雖至三百篇之多若不學禮此誦詩之人不足堪爲一獻之祭言一獻祭羣小祀不學禮則不能行也○一獻之禮不足以大饗者言雖習一獻小祀其禮既小不堪足以行大饗之禮大饗謂祫祭宗廟也大饗之禮不足以大旅者大饗其禮雖繁仍是去人不遠其禮可知大旅是揔祭五帝天天與人道隔其禮轉難故雖能行大饗之禮不堪足以行大旅事天○大旅具矣不足以饗帝者大旅雖揔祭五帝是有故而祭其禮簡畧不如饗帝正祭之備故云大旅具矣不堪足以正饗天帝謂郊祭天也故典瑞云四圭有邸以祀天旅上帝是祀天天重於旅帝又郊特牲云郊之祭大報天而主日是郊爲祭天之重○毋輕議禮者若不學於禮無得輕脫論議于禮猶如誦詩三百篇不能行小祀禮也○注大旅至祭天○正義曰知大旅。五帝者案典瑞云兩圭有邸以祀地旅四望與上四圭有邸以祀天旅上帝其文相對祀地云旅四望則知上云旅上帝是旅五帝也云饗帝祭天者經既云大旅又云饗帝是饗帝與大旅不同故知此饗帝是常祀祭天也鄭直云祭天則感生之帝與圜丘俱包之也○子路爲季氏宰宰治邑吏也季氏祭逮闇而祭日不足繼之以燭謂舊時也雖有強力之容肅敬之心皆倦怠矣以其久也有司跛倚以臨祭其爲不敬大矣偏任爲跛依物爲倚○跛彼義反注同倚於綺反注同他日祭子路與室事交乎戶堂事交乎階質明而始行事晏朝而退室事祭時堂事儐尸○與音豫朝直遥反又張遥反孔子聞之曰誰謂由也而不知禮乎多其知禮【疏】子路至禮乎○正義曰前經既明禮爲其重故記者引子路能行禮之事○季氏祭逮闇而祭者逮及也言季氏祭於宗廟逮至日闇而行祭禮○日不足繼之以燭者謂祭祀未終日已昏沒故云日不足祀事未畢故繼日明而以燭也○有司跛倚以臨祭者以其事久有

司倦怠故皆偏跛邪倚於物臨於祭祀其爲不敬甚大矣○他日祭子路與者言往舊以來所祭之時恒皆如此他日謂別日其後別日而祭子路與在行禮之中○室事交乎戶者室事謂正祭之時事尸在室故云室事交乎戶戶外人將饌至戶內人於戶受饌設於戶前相交承接在於戶也○堂事交乎階者謂正祭之後儐尸之時尸於堂故云堂事交乎階謂堂下之人送饌至階堂上之人於階受取是交乎階○質明而始行事晏朝而退者質正也晏晚也謂正明之時而始行事朝正嚮晚禮畢而退言敬而能速也○孔子聞之曰誰謂由也而不知禮乎者子路好勇時人多不尚其所爲故孔子以此明之誰謂由也而不能知禮乎言其知禮也

以其禮從宜寧可禮畧而敬不可禮煩而怠也

附釋音禮記注疏卷第二十四

武寧盧氏宣旬校定

大清嘉慶二十年重刊
用文選樓藏本校定

江西南昌府學栞

禮記注疏卷二十四挍勘記　阮元撰盧宣旬摘録

附釋音禮記注疏卷第二十四　惠棟挍宋本禮記正義卷第三十三此卷至四十卷考文云宋板闕所校係補本

禮器

周坐尸節

勸尸飲食無常　惠棟挍宋本亦作無岳本同嘉靖本同衞氏集說同毛本同考文引古本足利本同此本無誤若閩監本無誤者通典四十八引亦作勸尸飲食無常

詔侑或爲韶圜　岳本同嘉靖本同閩監毛本韶作詔釋文作詔圜云本亦作詔圓考文云古本足利本圜作圓按段玉裁云韻會二蕭引亦作韶圜

夏禮尸有事乃坐　惠棟挍宋本作乃宋監本同岳本同嘉靖本同衞氏集說同考文引古本足利

本同此本乃誤則閩監毛本同通典四十八引亦作夏禮

尸有事乃坐

周坐至醻與 惠棟挍宋本無此五字

論三代尸禮不同 閩監毛本有禮字衛氏集說同此本禮字脫

此言有周之所因於殷也 閩監毛本無有之二字惠棟挍宋本作此言周所因於殷也續通解同

其於周禮侑尸 惠棟挍宋本同閩監毛本侑作坐

爲發爵之主 閩監毛本作主衛氏集說同此本主誤至考文云補本發作祭

必令平偏不偏頗 閩監毛本同惠棟挍宋本偏上有使字

君子曰禮之近人情者節 惠棟云君子節宋本分是故君子之於禮下爲一節

頓郊之學也 惠棟挍宋本頓下有宮字宋監本同岳本同嘉靖本同衛氏集說同考文引古本足利本

同此本宮字脫閩監毛本同

呼池漚夷岳本同嘉靖本同閩監毛本漚作嘔衞氏集說同釋文作嘔夷

必先有事於配林各本同石經同惠棟九經古義云何休注公羊引作蜚林蜚聲近妃古配字作妃聲之誤也

愼之至也各本同石經同釋文出順之至也云順亦作愼

溫之至也各本同石經同釋文出溫之云紆運反注同考文云古本溫作蘊按正義云今定本作溫字則當云溫潤相承藉是正義本亦不作蘊也內則釋文云溫本又作蘊

君子至至也惠棟按宋本無此五字

按宗伯以肆獻祼饗先王閩監毛本同衞氏集說同惠棟按宋本饗作享

凡有大享此此云大饗惠棟按宋本不重此字上大作六衞氏集說同此本誤重此字

六誤大閩本六字不誤上此改者字監毛本六享此云誤作大饗者此云

以冕服差之作 閩監毛本同衞氏集說同惠棟挍宋本冕作祭考文引補本同

以薦其毛 閩監毛本薦作啓

是故至至也 惠棟挍宋本無此五字

此一節 惠棟挍宋本此字上有正義曰三字

所爲上下前人 閩監毛本同惠棟挍宋本上作中考文引補本同

皆有所由以爲始也 惠棟挍宋本有所字衞氏集說同此本所字脫閩監毛本同

此言七介者 閩監毛本同孫志祖云按集說引此上有周禮上公九介侯伯七介子男五介十四字諸本俱脫

三月繫七日戒 閩本監本毛本同惠棟挍宋本戒字下有者字

謂祭前十日於七日之中　惠棟按宋本同閩監毛本十誤七於誤齊衛氏集說十誤七於字不誤

斯樂泮水　補案詩斯當作思

天子以小學爲辟廱　閩監毛本同惠棟按宋本以上有亦字

溫謂丞藉　閩監毛本丞作承衛氏集說同下丞藉皆同盧文弨按溫改縕

禮也者反本脩古節

反本脩古　各本同石經同正義云定本及諸本作循字當作脩

而槀鞂之設　閩監毛本作槀石經同岳本同衛氏集說同此本槀誤稾嘉靖本同

禮也至學也　惠棟按宋本無此五字

不忘其初者也　惠棟按宋本也下有者字

君子曰無節於內者節

君子至致也　惠棟挍宋本無此五字

言若欲外觀察先萬物　閩監毛本同惠棟挍宋本無先字是也

故禮所爲萬物之至極也　惠棟挍宋本同閩監毛本所下有以字

是故昔先王之制禮也節

月生西方　宋監本生改出

祭天於圓丘之上　閩監本同岳本同嘉靖本同衞氏集說同毛本圓作圜

是故至壹焉　惠棟挍宋本無此五字

但財物大莫過於天　閩監本同毛本財作萬

天子愛物爲用　閩監毛本同惠棟挍宋本愛上有以字

龍星昏而見雩　閩監毛本同惠棟挍宋本而見作見而

是故昔先王尚有德節

而鳳凰降　石經凰作皇宋監本同岳本同嘉靖本同衛氏集說同此作凰俗字閩監毛本同

而風雨節寒暑時　閩監毛本同岳本同嘉靖本同衛氏集說同石經無節字按月令正義引禮器饗帝於郊而風雨寒暑時郊特牲下兩引皆無節字

是故至大治　惠棟挍宋本無此五字

饗帝於郊而風雨寒暑時者　閩監毛本雨下有節字

故舉以言焉　閩監毛本同惠棟挍宋本舉作奉盧文弨云宋本作奉非也

陰陽既合　閩本同惠棟挍宋本同監毛本既作相

以燔柴告至之後　閩監毛本同惠棟挍宋本以作亦

及封土爲壇又 閩監本同毛本及誤乃惠棟挍宋本及作

土爲風 閩監毛本同惠棟挍宋本風下有者字

天道至教節

目下事也 閩本作目惠棟挍宋本同宋監本同岳本同衞氏集說同此本目誤日監毛本同嘉靖本誤自

天道至至也 惠棟挍宋本無此五字

皆在大鼓之旁 惠棟挍宋本有在字此本在字脫閩監毛本同

謂堂上下 閩監毛本同惠棟挍宋本堂下有之字衞氏集說同

禮樂之器尊西者也 按者也當作也者

縣鼓大於於應鼓 閩監本於字不重此本誤衍毛本大誤木

故云人君尊東 惠棟挍宋本有人字此本人字脫閩監毛本同

喪是記君之喪閩監毛本同衛氏集說是作大

禮也者反其所自生節

作樂者緣民所樂於己之功惠棟挍宋本有者字宋監本同岳本同嘉靖本同考文引古本足利本同此本者字脫閩監毛本同

而作濩武各本同釋文出作護云本亦作濩

禮樂亦猶是也閩監毛本同岳本同嘉靖本猶作由

禮也至人者惠棟挍宋本無此五字

言將以是觀之惠棟挍宋本同閩監毛本亦作是此本作見非也考文引古本足利本亦作見

萬事皆以禮節之惠棟挍宋本同閩監毛本萬事皆誤脩古而

脩樂以道志樂是功成之極惠棟挍宋本同閩監毛本樂是誤者言

恒脩治此樂以勸道已志惠棟挍宋本同閩監毛本以勸誤章以

太廟之內敬矣節

太廟之內監毛本同石經太作大閩本同岳本同嘉靖本同衞氏集說同

謂進牲孰體時各本同正義云熊氏禮本牲爲腥也

於廟門之旁因名焉閩監毛本同岳本同嘉靖本同衞氏集說同浦鏜挍從疏門下補外字

太廟至此乎惠棟挍宋本無此五字

斷制牲肝閩監毛本同浦鏜從衞氏集說斷上補君字

洞洞乎其敬也者閩監毛本有乎字此本乎字脫

謂煮既孰惠棟挍宋本煑下有肉字衞氏集說同此本誤脫閩監毛本同

不知此於彼堂乎惠棟挍宋本此下有神字衞氏集說同此本誤脫閩監毛本同

以繹宮云廟門謂之祊 閩監毛本同浦鏜云廟衍字孫志祖云按今本爾雅作閍謂之門疑誤也當以此疏所引爲正兼有郊特牲疏足相証明

今日繹祭於廟門外之西旁 惠棟挍宋本亦作日作西於作在閩監毛本日作曰閩本西字不誤監毛本誤兩

一獻質節

一獻至獻神 惠棟挍宋本無此五字

謂祭先公之廟 閩監毛本同惠棟挍宋本先上有至字

以血祭社稷五嶽 閩監毛本同衛氏集說重祭字與周禮大宗伯合

大饗其王事與節

荆楊二州 閩監本同嘉靖本同衛氏集說同毛本楊作揚岳本同按下注楊州貢篠簜毛本亦作楊疏放

此

各以其所貢寶爲摯　惠棟挍宋本同宋監本同岳本同嘉靖本同考文引古本足利本同閩監毛本貢作貴衞氏集說同正義引注亦足貴○按作貴與周禮大行人同

大饗至禮也　惠棟挍宋本無此五字

鄭注以爲金銀銅　閩監毛本同段玉裁挍本銀改者字是也以三品爲金銀銅乃書孔傳及王肅說耳非鄭義也

祀帝於郊節

祀帝至本也　惠棟挍宋本無此五字

此亦謂喪禮賓客　惠棟挍宋本有謂字此本謂字脫閩監毛本同

君子曰甘受和節

君子至貴也　惠棟挍宋本無此五字

唯須有忠信　閩監毛本同惠棟挍宋本須下有必字

孔子曰誦詩三百節

孔子至議禮　惠棟挍宋本無此五字

知大旅祭五帝者　惠棟挍宋本有祭字此本祭字脫閩監毛本同

子路爲季氏宰節

子路至禮乎　惠棟挍宋本無此五字

尸於堂　惠棟挍宋本尸上有事字衞氏集說同此本事字脫閩監毛本同

謂堂下之人　惠棟挍宋本謂下有在字此誤脫閩監毛本同

附釋音禮記注疏卷第二十四終　惠棟挍宋本此下標禮記正義卷第三十三終又記

云凡二十二頁宋監本禮記卷第七經四千九百二十一字注五千七百四十字嘉靖本禮記卷第七經五千一百九十一字注五千六百九十五字

禮記注疏卷二十四校勘記

附釋音禮記注疏卷第二十五

郊特牲第十一○陸曰鄭云以其記郊祭天用騂犢之義也郊者祭天之名用一牛故曰特牲

疏正義曰案鄭目錄云名郊特牲者以其記郊天用騂犢之義此故別錄屬祭祀

禮記　鄭氏注　孔穎達疏

郊特牲而社稷大牢天子適諸侯諸侯膳用犢諸侯適天子天子賜之禮大牢貴誠之義也故天子牲孕弗食也祭帝弗用也犢者誠慤未有牝牡之情是以小爲貴也孕任子也易曰婦孕不育○膳市戰反犢音獨孕餘證反慤苦角反大路繁纓一就先路三就次路五就此因小說以少爲貴者禮器言次路七就與此乖字之誤也○繁步干反郊血大饗腥三獻爓一獻孰至敬不

饗味而貴氣臭也血腥爓祭用氣○爓本又作𦢊夕廉反諸侯爲賓灌用鬱鬯灌用臭也大饗尚腶脩而已矣亦不饗味也此大饗饗諸侯也○灌本又作祼古喚反腶丁喚反鍛脯加薑桂曰腶脩

疏○郊特至已矣○正義曰此一節論少○小及薄味爲貴各依文解之既以郊祭名篇先儒說郊其義有二案聖證論以天體無二郊即圓丘圓丘即郊鄭氏以爲天有六天丘郊各異今具載鄭義兼以王氏難鄭氏謂天有六天天爲至極之尊其體秖應是一而鄭氏以爲六者指其尊極清虛之體其實是一論其五時生育之功其別有五以五配一故爲六天據其在上之體謂之天天爲體稱故說文云天顛也因其生育之功謂之帝帝爲德稱也故毛詩傳云審諦如帝故周禮司服云王祀昊天上帝則大裘而冕祀五帝亦如之五帝若非天何爲同服大裘又小宗伯云兆五帝於四郊禮器云饗帝于郊而風雨寒暑時帝若非天焉能令風雨寒暑時又春秋緯紫微宮爲大帝又云北極耀魄寶又云大微宮有五帝坐星青帝曰靈威仰赤帝曰赤熛怒白帝曰白招拒黑帝曰汁光紀黃帝曰含樞紐是五帝與大帝六也又五帝亦稱上帝故孝經曰嚴父莫大於配天

則周公其人也下即云宗祀文王於明堂以配上帝帝若非
天何得云嚴父配天也而賈逵馬融王肅之等以五帝非天
唯用家語之文謂大皞炎帝黃帝五人之帝屬其義非也又
先儒以家語之文王肅私定非孔子正旨又王肅以郊丘是
一而鄭氏以爲二者案大宗伯云蒼璧禮天典瑞又云四圭
有邸以祀天是玉不同宗伯又云牲幣各放其器之色則牲
用蒼也祭法又云燔柴於泰壇用騂犢是牲不同也又大司
樂云凡樂圜鍾爲宫黃鍾爲角大蔟爲徵姑洗爲羽冬日至
於地上之圜丘奏之若樂六變則天神皆降上文云乃奏黃
鍾歌大吕舞雲門以祀天神是樂不同也故鄭以云蒼璧蒼
犢圜鍾之等爲祭圜丘所用以四圭有邸騂犢及奏黃鍾之
等以爲祭五帝及郊天所用王肅以郊特牲周之始郊日以
至與圜丘同配以后稷鄭必以爲異圜丘又以帝嚳配者鄭
以周郊日以至自是魯禮故注郊特牲云周衰禮廢儒者見
周禮盡在魯因推魯禮以言周事鄭必知是魯禮非周郊者
以宣三年正月郊牛之口傷是魯郊用日至之月案周郊祭
天大裘而冕郊特牲云王被衮戴冕璪十有二旒故知是魯
禮非周郊也又知圜丘配以帝嚳者案祭法云周人禘嚳而
郊稷禘嚳在郊稷之上稷卑於嚳以明禘大於郊又爾雅云
禘大祭也大祭莫過於圜丘故以圜丘爲禘也圜丘比郊則

圜丘爲大祭法云禘嚳是也若以郊對五時之迎氣則郊爲大故大傳云王者禘其祖之所自出故郊亦稱禘其宗廟五年一祭比每歲常祭爲大故亦稱禘也以爾雅唯云禘爲大祭是文各有所對也后稷配天見於周頌故思文云思文后稷克配彼天周若以嚳配圜丘詩頌不載者后稷周之近祖王業所基故配感生之帝有勤功用故詩人頌之嚳是周之遠祖爲周無功徒以遠祖之尊以配遠尊天帝故詩無歌頌或可詩本亦有也但後來遺落故正考甫得商之遺頌十二篇至孔子之時唯五篇而已以此言之明詩有遺落也皇氏云天有六天歲有六祭冬至圜丘一也夏正郊天二也五時迎氣五也通前爲七也九月大饗八也雩與郊禖爲祈祭不入數崔氏以雩爲常祭九也凡祭天其服皆大裘周禮司服文其尸服亦大裘故節服氏云郊祀裘冕送逆尸是也其樂除圜丘所用圜鍾爲宫之外皆奏黄鍾歌大吕舞雲門故大司樂云乃奏黄鍾歌大吕以祀天神注云天神謂五帝及日月星辰也王者又各以夏正月祀其所受命之帝於南郊是也冬至圜丘用蒼璧夏正郊天用四圭有邸其五時迎氣東方用青圭南方用赤璋西方用白琥北方用玄璜其中央無文先師以爲亦用黄琮熊氏以爲亦用赤璋鄭注宗伯云璧圜象天琮八方象地圭鋭象春物初生半圭曰璋象夏物半

死琥猛象秋嚴半璧曰璜象冬月閉藏地上無物唯天半見其牲幣各放其玉之色案天色玄而用蒼犢者但天色雖玄遠望則蒼取其遠色故用蒼也其祭天之器則用陶匏陶瓦器以薦菹醢之屬故詩生民之篇述后稷郊天云于豆于登注云木曰豆瓦曰登是用薦物也匏酌獻酒故詩大雅美公劉云酌之用匏注云儉以質祭天尚質故酌亦用匏爲尊皇氏云祭天用宗廟犧尊皇氏又云祭天旣用犧尊其陶匏者是盛牲牢之器今案陶匏所用如上所陳而皇氏以匏爲盛牲之器義無此理其說非也其祭天之處冬至則祭於圜丘圓丘所在雖無正文應從陽位當在國南故魏氏之有天下營委粟山爲圓丘在洛陽南二十里然則周家亦在國南但不知遠近者其五時迎氣則在四郊故小宗伯云兆五帝於四郊鄭云春迎青帝於東郊夏迎赤帝於南郊季夏迎黃帝亦於南郊秋迎白帝於西郊冬迎黑帝於北郊司馬法百里遠郊鄭注書序云近郊半遠郊去國五十里謂今河南洛陽相去則然是天之郊去國皆五十里也其夏正祭感生之帝亦於南郊知者孝經緯云祭帝於南郊就陽位是也其雩祭五天帝亦於國城南故鄭注論語云沂水在魯城南雩壇在其上是也其九月大饗五帝則在明堂鄭駁異義云明堂在國之南丙巳之地三里之外七里之內其圓丘之祭崔氏云

其初先燔柴及牲玉於丘訖次乃掃丘下而設正祭若夏正及五郊初則燔柴及牲玉於壇故祭法云燔柴於泰壇祭天也次則於壇下掃地而設正祭故禮器云至敬不壇掃地而祭是也其所配之人虞夏商周用人各異文具祭法圜丘之祭用人則以嚳配之祭法禘嚳是也其感生之帝則以后稷配之五時迎氣及雩祭則以五方人帝配之九月大饗五帝則以五人帝及文武配之以文王配五天帝則謂之祖以武王配五人神則謂之宗崔氏云皆在明堂之上祖宗通言故祭法云祖文王文王稱祖孝經云宗祀文王於明堂是文王稱宗文王既爾則武王亦有祖宗之號故云祖宗通言其祭天之樂皆用雷鼓故鼓人云以雷鼓鼓神祀是也其圜丘之祭皇氏云祭日之旦王立丘之東南西嚮燔柴及牲玉於丘上升壇以降其神故韓詩內傳云天子奉玉升柴加於牲上詩又云圭璧既卒是燔牲玉也次乃奏圜鍾之樂六變以降其神天皇之神爲尊故有再降之禮次則埽地而設正祭置蒼璧於神坐以禮之其在先燔者亦蒼璧也次則以豆薦血腥祭天無祼故鄭注小宰云唯人道宗廟有祼天地大神至尊不祼莫稱焉然則祭天唯七獻也故鄭注周禮云大事于大廟備五齊三酒則圓丘之祭與宗廟祫同朝踐王酌泛齊以獻是一獻也后無祭天之事大宗伯次酌醴齊以獻是爲

二獻也王進爵之時皆奏樂但不皆六變次薦孰王酌盎齊以獻是爲三獻也宗伯次酌醍齊以獻是爲四獻也次尸食之訖王酌朝踐之泛齊是爲五獻也又次宗伯酌饋食之醍齊以獻是爲六獻也次諸臣爲賓長酌泛齊以獻是爲七獻也以外皆加爵非正獻之數其尸酢王以清酒酢宗伯以昔酒酢諸臣以事酒其祭感生之帝則當與宗廟禘祭同唯有四齊無泛齊又無降神之樂惟燔柴升煙一降神而已王朝踐獻以醴齊宗伯亞獻以盎齊次饋孰王獻以醍齊宗伯又獻以沈齊尸食訖王獻以朝踐之醴齊宗伯獻以饋孰之沈齊諸臣爲賓長亦獻以沈齊不入正數其五時迎氣與宗廟時祭同其燔柴以降神及獻尸與祭感生之帝同但二齊醴盎而已諸臣終獻亦用盎齊從上至此皆皇氏所說皇氏以圜丘之祭賓長終獻不取沈齊而取泛者以禮運約之沈齊當在堂丘下不可用之故更上取泛齊案禮運沈齊在廟堂之下尚得酌之升堂以獻又皇氏祭感生帝及五時迎氣沈齊亦在壇下賓長皆得用之升堂以獻何爲圜丘沈齊獨不可用乎若以圜丘高遠不可下取沈齊凡齊泛醴爲尊盎醍爲卑賓長終獻祇可以次用醍齊何得反用泛齊乎今謂圜丘賓長之獻用沈齊也以其賓長是臣助祭終獻遠下於君故從丘下酌沈齊又崔氏云以清酒酢王昔酒酢后案司尊

彝云皆有罍諸臣之所酢也鄭注云酌罍以自酢不敢。王之神靈共尊罍盛三酒唯云諸臣所酢不云酢王酢后崔氏所說於義疑也皇氏於此經之首廣解天地百神用樂委曲及諸雜禮制繁而不要非此經所須又隨事曲解無所憑據今皆畧而不載其必有所須者皆於本經所須處各隨而解之他皆倣此熊氏云四時迎氣及諸神小祀等並有降神之樂則大司樂分樂而序之以下降神正祭同用其樂亦是一義也然此郊特牲以下至降尊以就卑文承禮器之下覆說以少爲貴之事郊所以用特牲者郊謂於南郊祭感生之帝但天神至尊無物可稱故用特牲郊與配坐皆特牲故下文云養牲必養二帝牛不吉以爲稷牛又召誥云用牲於郊牛二是也然祭天初有燔燎後有正祭皆須有牲故太宗伯云實柴祀日月星辰鄭司農云實牛柴上也鄭康成云實牲體焉郊唯特牲得供燔燎正祭二處所用者熊氏皇氏等以爲分牲體供二處所用其實一特牲也而月令郊禖用大牢者彼是求子之祭不與常祭同故不用犢我將祀文王於明堂經云維羊維牛者據文武配祭得用大牢也若孔安國之義后稷配天亦用大牢故召誥云后稷貶於天有羊豕案羊人云釁積共其羊牲注云積積柴則祭天用羊者熊氏云謂祭日月以下故燔燎用羊也祭日月以下旣用羊小司徒云凡小祭祀奉牛牲鄭注云小祭祀王玄冕所祭然則王者之祭無不用牛又禮緯云六宗五嶽四瀆之牛角尺則日月以下之祀皆用牛者蓋日月以下常祀則用羊王親祭則用牛故小司徒注云玄冕所祭據王親祭也此郊特牲指用而言故下文云用騂犢故牧人云陽祀用騂牲毛之注云陽祀祭天於南郊及宗廟以此約之夏殷以上祭感生之帝各用其正之色其迎五方之帝其牲上已備陳帝牛稷牛其牲雖異其色宜同凡配祭之人牲與天同色也其四月大雩九月大饗其天及配人其牲各依當方之色其文武汎配則用大牢其牲色無文周人尚赤當用騂也論語云敢用玄牡敢昭告於皇皇后帝注云帝謂大微五帝用玄牡者彼謂告祭也其四鎮五岳之等各用當方之色故牧人云望祀各以其方之色牲毛之若尋常山川時祭以下則用純物不隨四方之色若國外表貉磔禳之等則用雜色故牧人云凡特祀之牲則用牷物凡外祭毀事用尨可也其常祀之牲則皆用。祈禱之祭或用牝唯孟春禁之故月令孟春犧牲無用牝其日月以下及五祀之等常祀用羊王親祭則用牛具如前說○而社稷大牢者社五土揔神稷是原隰之神功及於人人賴其功故以大牢報祭其牲則黝色牧人云陰祀用黝牲注云陰祀祭地北郊及社稷也則神州亦用黝牲也其崑崙地祇用黃犢故大宗伯黃琮禮地牲幣各放其器之色是也其社稷與神州其樂用大蔟與應鍾故大司樂云乃奏大蔟歌應鍾以祭地祇注云謂神州之神及社稷其玉神州則用兩圭有邸其社稷無文崔氏云玉當神州同用兩圭有邸以四望亦用兩圭故也其服社稷則絺冕神州與崑崙服無明文崔氏云用大裘爲崑崙之神玉則用黃琮鄭注宗伯琮八方象地其樂則用函鍾爲宮故大司樂云凡樂函鍾爲宮大蔟爲角姑洗爲徵南呂爲羽夏日至於澤中之方丘奏之若樂八變則地示皆出可得而禮矣是也其夏至祭方澤之禮齊酒獻數與圜丘同其神州獻數與夏正郊天同而社稷之祭尊用大瓦罍三獻文具崔氏義宗於此煩而不錄也。天子適諸侯諸侯膳用犢。謂天子巡守至諸侯之國諸侯致膳於天子則用犢也。諸侯適天子天子賜之禮大牢。謂諸侯朝天子天子賜之禮用大牢熊氏云大牢者則掌客云殷膳大牢非是殘積饔餼之等皇氏云此直云大牢則摠包饔餼殘積之等雖牢數多少有異皆用大牢。今謂此經說以小爲貴天子少而諸侯多又膳文與殷膳同則熊氏皇氏未知孰是也。貴誠之義也。釋郊所以用特牲天子所以膳用犢之意郊之特牲亦是犢也貴此犢未有牝牡之情貴其誠愨之心故云貴誠之義也然社稷及諸侯大牢非是貴誠而載之者言社

稷大牢以明郊用特牲言諸侯大牢以明天子用犢顯其貴
誠也不取大牢之意。故天子牲孕弗食也祭帝弗用也。
天子尊極貴其誠慤之心故因上起下之辭是以云故。注
易曰婦孕不育。正義曰此易漸卦九三爻辭云夫征不復
婦孕不育案漸卦艮下巽上九三上與九五互體爲離離爲
大腹孕之象也又互體爲坎坎爲丈夫坎爲水水流而去是
夫征不復也夫既不復則婦人之道顛覆故孕而不育引之
者證經孕是懷任之意也。大路至五就。因貴誠重小故
說以少爲貴也大路殷祭天車也用以祭天故曰大路五采
一成曰就天質慤故止一就也故明堂位云大路殷路是也
先路三就者先路亦殷路也殷則有三路其世猶質故以少
飾爲先先相次爲言對次故稱先也每加以兩大路一先路
三也次路故五就也。注禮器至誤也。正義曰今此經大
路一就先路三就次路五就是飾綴相降以二案禮器大路
一就次路七就無先路之交若以先路爲三則於次路七就
非加兩之差若以先爲五則於大路一就又非加兩之差故
知此經次路五就爲是禮器云次路七就爲誤也。郊血至
臭也。因貴少更說不貴味也所進血腥如禮器中說崔氏
云周禮之法郊天燔柴爲始宗廟以祼地爲始社稷以血爲
始小祀疈辜爲始此云郊血大饗腥三獻爓一獻孰者謂正

祭之時薦於尸坐之前也。至敬不饗味而貴氣臭也者此解郊血義血氣也夫孰食有味味者為人道人道卑近而天神尊貴事宜極敬極敬不褻近故用血也用血是貴氣而不重味故云貴氣臭也而宗廟敬降於天故用腥腥稍近味社又降於宗廟故用爓爓又稍近味。諸侯至已矣。此一經亦明貴氣義也。諸侯為賓灌用鬱鬯者灌猶獻也謂諸侯來朝在廟中行三享竟然後天子以鬱鬯酒灌之也故大行人云上公之禮廟中將幣三享王禮再祼而酢侯伯之禮廟中將幣三享王禮壹祼而酢諸子諸男之禮廟中將幣三享王禮壹祼不酢鄭注云王禮王以鬱鬯禮賓也禮者使宗伯攝酌圭瓚而祼王既拜送爵又攝酌璋瓚而祼后又拜送爵是謂再祼再祼賓乃酢王也禮侯伯一祼而酢者祼賓賓酢王而已后不祼也禮子男一祼不酢者祼賓而已不酢王也。灌用臭也者覆誂諸侯為賓灌用鬱鬯之意鬱鬯是臭故云灌用臭也此亦明貴氣之禮。大饗尚腶脩而已矣者謂諸侯行朝享及灌以後而天子饗燕食之也若上公則三饗三食三燕若侯伯則再饗再食再燕若子男則壹饗壹食壹燕也南本或云侯伯亦三饗誤也其行饗之時雖設大牢之饌于時先薦腶脩於筵前然後始設餘饌故云尚腶脩而已矣此亦明不饗味之義也。注此大至侯也。正義曰以文承上大饗腥之下上大饗謂祫祭恐此大饗者亦是祫祭故云饗諸侯也必知饗諸侯者以此經前云諸侯爲賓下云大饗君三重席而酢然皆論待諸侯之事故以爲饗諸侯也○**大饗君三重席而酢焉**言諸侯相饗獻酢禮敵也○重直龍反下注同酢才各反**三獻之介君專席而酢焉此降尊以就卑也**三獻卿大夫來聘主君饗燕之以介爲賓賓爲苟敬則徹重席而受酢也專猶單也○介音界注同單音丹下文注同

【疏】大饗至酢焉○正義曰此一節論尊卑之席各依文解之○此大饗謂諸侯相朝主君饗賓賓主禮敵故主君設三重之席而受酢焉○注言諸至敵也○正義曰知非諸侯朝天子天子饗之而云諸侯相饗者以經云君三重席而酢三重席是諸侯之禮而又稱君故知諸侯相饗也案周禮司几筵諸侯莞筵紛純加繅席畫純止有二席得爲三重者皇氏云三重者有四席爲三重謂鋪莞筵三上加繅席一熊氏以爲席之重數異於棺也三重止三席也云獻酢禮敵也者以賓與主人俱是諸侯並有三重之席無所降下對下三獻之介君專席而酢降尊就卑之義是尊卑不敵也故此云獻酢禮敵也○三獻之介君尊專席而酢焉至此以

就卑也。此謂諸侯遣卿來聘卿禮三獻其副既是大夫與卿爲介謂之三獻之介此介是大夫大夫席雖再重今爲介降一席秪合專席主君若受此介之酢爵雖是諸侯合三重之席必徹去重席單席而受此介之酢爵焉所以然者降諸侯之尊以就介之卑故也。注此三獻至單也。正義曰三獻卿大夫者以五等諸侯有九獻七獻五獻故五等諸侯之卿皆三獻也大夫卿之摠號若春秋之時則與此禮有異若大國之卿則禮同子男故昭元年鄭人饗趙孟具五獻籩豆杜元凱注云朝聘之制大國之卿五獻其侯伯次國其卿與大國大夫同故昭六年季武子如晉晉人享之武子辭云下臣得貺不過三獻杜云大夫三獻是也云來聘主君饗燕之以介爲賓賓爲苟敬者案燕禮記云若以四方之賓燕賓爲苟敬席於阼階之西北面其介爲賓注云主國君饗時親進醴于賓今燕又宜獻焉人臣不敢褻煩尊者至此升堂而辭讓欲以臣禮燕爲恭敬也於是席之如獻諸公之位言苟敬者賓實主國所宜敬如鄭此言則燕時賓爲苟敬饗時則否今此注云饗燕之賓爲苟敬連言饗者因燕而連言饗其實饗時賓自爲賓不爲苟敬也案燕禮注介門西北面西上公降迎上介以爲賓揖讓升乃命宰夫爲主人獻賓於西階上其有媵爵羣臣入即位如燕禮案禮主人與賓俱升自西階主人酌於賓筵前獻賓賓西階上拜筵前受爵反位主人賓右拜送爵賓就筵祭酒西階上卒爵賓酢主人主人於賓右北面受酢此是使宰夫爲主人與賓客相獻之禮據燕禮之文唯有賓酢主人無賓酢主君之禮今此主君專席而受賓酢者案燕禮無賓酢公禮至於說屨升堂坐之後賓降洗升媵觚于公公受賓爵飲以賜下此云受酢蓋謂此也或可燕已臣于賓不酢公若與鄰國賓燕以介爲賓賓得酢公也但禮不具耳皇氏以介爲賓宰夫爲主人賓與主人席於西階上主人在東賓在西俱北面又席主君於堂中南面今案鄭注燕禮主君迎上介爲賓宰夫爲主人獻賓之後如燕禮如是則事事如燕禮案燕禮筵賓于戶西南面席公于阼階上西面胥薦主人于洗北西面燕禮席位分明如此而皇氏乃云主人與賓俱席西階上北面主君堂中南面未審何所馮據而知之。

○饗禘有樂而食嘗無樂陰陽之義也凡飲養陽氣也凡食養陰氣也故春禘而秋嘗春饗孤子秋食耆老其義一也而食嘗無樂 言義同而或用樂或不用樂也此禘當爲禴字之誤也王

制曰春禴夏禘。饗禘音藥下春禘同食音嗣夏戶嫁反飲養陽氣也故有樂食養陰氣也故無聲凡聲陽也〔疏〕饗禘至陽也。正義曰此一節論饗禘食嘗有樂無樂之異饗禘有樂者饗謂春饗孤子禘謂春祭宗廟也以其在陽時故有樂。而食嘗無樂者食謂秋食耆老嘗謂秋祭宗廟以其在陰時故無樂。陰陽之義也者無樂爲陰有樂爲陽故云陰陽之義也。凡飲養陽氣也凡食養陰氣也者此覆釋上文饗有樂而食無樂之義以飲是清虛養陽氣故有樂而食是體質養陰氣故無樂。故春禘而秋嘗春饗孤子秋食耆老者此明饗禘在春爲陽食嘗在秋爲陰也。其義一也者禘之與嘗俱是追慕饗之與食同是賞功其事無殊故云一也。而食嘗無樂者文承秋食耆老之下以秋是陰時故云食嘗無樂重結之也舉食嘗無樂亦應重結饗禘有樂不言者畧可知也。飲養陽氣也故有樂者更覆釋上文飲養陽氣饗有樂也。食養陰氣也故無聲者覆釋上文食養陰氣故無樂也。凡聲陽也者釋所以饗有樂食無樂凡聲是陽也陽時爲饗故有樂陰時爲食故無樂也。注禘至夏禘。正義曰依禮三代無春禘之文周則春曰祠王制夏殷之禮云春曰禴今云春曰禘故知禘當爲禴此經所論謂夏殷禮也熊氏云此夏殷禮秋嘗無樂而下文云殷人先求諸陽則秋嘗亦有樂者謂殷人春夏祭時有樂秋冬即無也舉春見夏舉秋見冬也若周則四時祭皆有樂故祭統云内祭則大嘗禘升歌清廟下管象是秋嘗有樂也案王制夏后氏養老以饗禮則夏家養老用春時有樂無秋食之禮殷人養老以食禮而秋時不作樂無春饗之禮周人脩而兼用之則周人養老春夏用饗禮秋冬用食禮四時皆用樂故文王世子云凡大合樂必遂養老注云春合舞秋合聲下云養老之禮遂發咏焉登歌清廟是秋時養老亦用樂也皇氏云春是生養之時故饗孤子取長養之義秋是成熟之時故食耆老取老成之義熊氏云春饗孤子亦饗耆老。食耆老亦食孤子而皇氏云此既破禘爲禴故於祭統春禘秋嘗不復更破從此可知也

○鼎俎奇而籩豆偶陰陽之義也籩豆之實水土之品也水土之品言非人常所食。奇居宜反下鼎俎奇同不敢用褻味而貴多品所以交於旦明之義也旦當爲神篆字之誤也。褻息列反旦音神出注篆直轉反。

疏鼎俎至義也。正義曰此一節論鼎

俎籩豆所法陰陽之事。鼎俎奇者以其盛牲體牲體動物動物屬陽故其數奇。籩豆偶者其實兼有植物植物爲陰故其數偶故云陰陽之義也。籩豆之實水土之品也者謂籩豆所充實之物皆是水土所生品類非人所常食也。不敢用褻味而貴多品者覆釋籩豆所以用水土品族之意言不敢用褻美食味而貴重衆多品族也何意如此所以交接神明之義也神道與人旣異故不敢用人之食味神以多大爲功故貴多品鼎俎奇者案聘禮牛一羊二豕三魚四腊五腸胃六膚七鮮魚八鮮腊九也是鼎九其數奇也又有陪鼎膷一也臐二也膮三也亦其數奇也正鼎九鼎別一俎俎亦九也又少牢陳五鼎羊一豕二膚三魚四腊五其腸胃從羊五鼎五俎又肵俎一非是正俎也特牲三鼎牲鼎一魚鼎二腊鼎三亦有三俎肵俎一非正俎不在數是皆鼎俎奇也有司徹陳六俎者尸及侑俎主人主婦各一俎其餘二俎者司馬以一俎羞羊肉湆其一俎司士羞豕肉湆此二者益肉之俎也此云鼎俎奇者謂一處並陳又籩豆偶者案掌客云上公豆四十侯伯三十二子男二十四又禮器云天子之豆二十有六諸公十有六諸侯十有二上大夫八下大夫六案禮籩與豆同是籩豆偶也鄉飲酒義六十者三豆七十者四豆八十者五豆而奇數者彼是年齒相次非正豆也士喪禮注小斂一豆一籩者降於大斂又不同於吉故也籩人饋食之籩棗栗桃乾䕩榛實凡有五物似五籩者熊氏云乾䕩之中有桃諸梅諸則爲六物實六籩也○賓入大門而奏肆夏示易以敬也[賓朝聘者易和說也○易以豉反注同朝直遙反下注朝覲朝服同]卒爵而樂闋孔子屢歎之[美此禮也○闋苦穴反止也屢力住反本又作屢]奠酬而工升歌發德也[以詩之義發明賓主之德]歌者在上匏竹在下貴人聲也[匏笙也○匏步交反竹篪笛也]樂由陽來者也禮由陰作者也陰陽和而萬物得[得其所]【疏】賓入至物得○正義曰此一節論朝聘之賓及己之臣子有王事勞者設燕饗之禮奏樂之節各依文解之饗禮既亡無可憑據今約大射及燕禮解其奏樂及樂闋之節案大射禮主人納賓是己之臣子又無王事之勞故賓入不奏肆夏賓入及庭公升即席乃奏肆夏於是主人引賓升主人酌獻賓賓拜受爵坐啐酒拜告旨樂闋賓飲卒爵酢主人主人受酢畢主人盥洗獻于公公拜受爵

乃奏肆夏公飲卒爵拜主人荅拜樂闋主人洗爵受酢於公主人受酢畢主人又盥洗媵觚于賓所謂酬也主人飲畢爵以酬賓賓筵前受酬奠于薦東不舉下大夫二人於阼階下媵爵于公公取一大夫所媵爵以立飲卒爵酬賓賓受爵請旅大夫公許賓以旅大夫于西階上大夫受旅爵畢主人洗獻卿于西階上獻卿徧又二大夫媵爵于公公又行一爵若賓若長唯公所賜以旅于西階上大夫受旅畢主人又洗升獻大夫于西階上大夫受獻畢乃席工升歌歌鹿鳴三終主人獻工乃管新宮此是大射賓入門至工升歌之節也燕禮記云若以樂納賓則賓及庭奏肆夏賓拜酒主人荅拜而樂闋公拜受爵而奏肆夏公卒爵而樂闋鄭注云卿大夫有王事之勞則奏此樂此是己之臣子有王事之勞賓及庭而奏肆夏也其餘與大射禮同以大射禮燕禮而言此云賓入大門謂朝聘之賓行朝聘旣畢。燕享之時燕則大門是寢門也饗則大門是廟門也○而奏肆夏示易以敬也者樂主和易今奏此肆夏大樂者示主人和易嚴敬於賓也○卒爵而樂闋者賓至庭樂作乃至主人獻賓賓受爵啐酒拜告旨而樂止賓飲訖酢主人主人受酢畢主人獻公而樂作公飲卒爵而樂止是卒爵而樂闋也此卒爵謂兼賓及主君也依大射禮主人受酢不作樂若其享時主君親獻賓賓親酢主君賓主俱作樂也。孔子屢歎之者孔子見禮入門而縣興卒爵而樂闋屢歎也數數歎美此禮善其和易恭敬之義。奠酬而工升歌者據大射禮獻卿之後大夫媵觶於公所謂酬也公奠置此酬而未舉於時工升歌也或可饗時主君親酬賓賓初奠酬薦東於時即工升歌也大射與燕禮異也。發德也者所以奠酬升歌歌詠其詩發明賓主之德案燕禮記賓○。及庭奏肆夏此入大門即奏肆夏者熊氏云燕禮燕己之臣子此謂朝聘之賓故入即奏肆夏也皇氏云鍾師奏九夏一曰王夏大司樂云王出入所奏二曰肆夏大司樂云尸出入所奏三曰昭夏大司樂云牲出入所奏也四曰納夏注云四方賓來所奏也五曰章夏注云臣有功所奏也六曰齊夏注云夫人祭所奏也七曰族夏注云族人侍所奏也八曰陔夏注云客醉。出所奏也九曰鶩夏注云公出入所奏也皇氏又云襄四年左氏傳云三夏天子所以享。元侯文王大明緜兩君相見之樂也燕禮歌鹿鳴合鄉樂凡合樂降於升歌一等王享。燕元臣升歌三夏三夏即頌合樂降一等即合大雅也元侯自相享。亦歌頌合大雅故仲尼燕居兩君相見歌清廟是也侯伯子男相見既歌文王合鹿鳴也準約元侯則天子享燕侯伯子男亦歌文王合鹿鳴也諸侯燕臣子歌鹿鳴合鄉樂燕禮是也其天子燕在朝臣子工歌鹿鳴合鄉樂故鄭作詩譜云天子諸侯燕羣臣及聘問之賓皆歌鹿鳴合鄉是。也升歌合樂所以異者案鄉。酒禮及燕禮工升自西階歌鹿鳴四牡皇皇者華歌訖笙入立於堂下奏南陔白華華黍奏訖乃間歌魚麗笙由庚歌南有嘉魚笙崇丘歌南山有臺笙由儀間歌訖乃合鄉樂周南關雎葛覃卷耳召南鵲巢采蘩采蘋間者謂堂上堂下一歌一吹更遞而作合者上下之樂並作此其所以異也皇氏云此經卒爵樂闋之義主人受酢之時作樂今案大射禮宰夫爲主人受酢之時不作樂皇氏説非也皇氏又云卒爵而樂闋作樂三闋也一是賓飲畢樂闋也二是主人受酢飲畢樂闋也三是賓奠酬之後工升歌畢將旅酬之時樂闋也今案此經初云入門而奏肆夏次云卒爵而樂闋下云奠酬而工升歌所陳之事依先後次第則樂闋之中不得并數奠酬升歌樂闋也且工升歌之後則有笙入奏南陔之等及間歌合樂無樂闋之文何得卒爵樂闋之中數之爲三闋皇氏非也案鍾師九夏皆夏文在下而南本納。夏。獨夏文在上其義疑也皇氏云天子燕享已之臣子與燕合諸侯同歌文王合鹿鳴今案詩譜云天子諸侯燕羣臣及聘問之賓歌鹿鳴合鄉樂皇説非也○歌者在上匏竹在下貴人聲也者解所以不升堂之義也匏笙也竹篪笛也歌是人聲人聲可貴故升之在堂匏竹可賤故在下然瑟亦升堂者瑟工隨歌工故也。樂由至物得。此因上有賓主禮樂之事遂說禮樂之義樂由陽來者也者此明樂也陽天也天氣化故作樂象之樂以氣爲化是樂由陽來者也陽化謂五聲八音也。禮由陰作者也者陰地也地以形生故制禮象之禮以形爲教是禮由陰作也形教謂尊卑大小拜伏之事也。陰陽和而萬物得者和猶合也得謂各得其所也若禮樂由於天地天地與之和合則萬物得其所也

○旅幣無方所以別土地之宜而節遠邇之期也旅衆也邇近也。別彼別反下注無別同龜爲前列先知也以鐘次之以和居參之也鐘金也獻金爲作器鐘其大者以金參居庭實之間示和也。爲作于僞反下文爲君同虎豹之皮示服猛也束帛加璧往德也

【疏】旅幣至德也。正義曰此一節明朝聘貨賄庭實之物。旅幣無方者旅衆也幣庭實也衆國貢獻幣物非止一方故云無方。所以別土地之宜者五方各殊所出有異所以分別土地所生之宜。而節遠邇之期也者邇近也六服有遠近或嬪或貨所貢之屬各有期也。龜爲前列先

知也者此卽旅幣無方之事也龜是靈知之物陳之於庭則列龜最在前故云先知也○以鐘次之者鐘金也陳金則次於龜後也不謂之爲金而謂之爲鐘者貴金以供王之鑄器器之大者莫大於鐘故言以鐘次之也○以和居參之也者解以金次龜義也金性柔和從時變革也金○列庭實前龜後皮帛以金參廁居龜帛之中間故云以和居參之也○虎豹之皮示服猛也者釋庭實有皮義也虎豹是威猛之獸今得其皮來列在王庭是表示君臣之德能服四方之威猛者也○束帛加璧往德也者解享用束帛帛上又加璧之義也玉以表德今將玉加於束帛或錦繡黼黻之上是以表往歸於德故也謂主君有德而往歸之南本及定本皆作往德北本爲任德熊氏云任用德恐非也

○庭燎之百由齊桓公始也僭天子也庭燎之差公蓋五十侯伯子男皆三十○往皇如字徐于況反燎力妙反徐力弔反僭子念反後同大夫之奏肆夏也由趙文子始也僭諸侯趙文子晉大夫名武○

【疏】庭燎至始也○正義曰自此以下至夷王以下摠論朝聘失禮之事各隨文解之○庭燎之百者謂於庭中設火以照燎來朝之臣夜入者因名火爲庭燎也禮天子百燎上公五十侯伯子男三十齊

桓公是諸侯而僭用百後世襲之是失禮從齊桓公爲始○注僭天至三十○正義曰此數出大戴禮也但崇鄭問引大戴禮也何以言蓋沈閣對曰言蓋無別意猶如禮運云仲尼之歎蓋歎魯也亦無別意百者皇氏云作百炬列於庭也或云百炬共一束也○注僭諸至名武○正義曰案大射禮公升即席奏肆夏燕禮云若以樂納賓則賓及庭奏肆夏是諸侯之禮今文子亦奏之故云僭諸侯此謂納賓樂也若登歌下管正樂則天子用三夏以饗元侯元侯相饗亦得用之周禮九夏王夏者天子所用其餘八夏諸侯皆得用之其陔夏鄉大夫亦得用之故鄉飲酒客醉而出奏陔夏但非堂上正樂所用也

○朝覲大夫之私覿非禮也大夫執圭而使所以申信也其君親來其臣不敢私見於主國君也以君命聘則有私見○覿大力反下同使色吏反見賢遍反下同不敢私覿所以致敬也而庭實私覿何爲乎諸侯之庭非其與君無別爲人臣者無外交不敢貳君也私覿是外交也

【疏】朝覲至君也○正義曰此一節論大夫從君朝覲行私覿非禮之事

○朝覲大夫之私覿非禮也者朝覲謂君親往鄰國行朝覲之禮大夫從君而行輒行私覿是非禮也○大夫執圭而使所以申信也者既從君而行不可私覿若專使而出則可爲之故云大夫執圭而使謂受命執圭專使鄰國得行私覿所以申己之誠信也○不敢私覿所以致敬也者覆明從君而行不敢行私覿所以致敬於己君也○而庭實私覿何爲乎諸侯之庭者當周衰之後有臣從君而行設庭實私覿於主國之庭作記者譏之庭實私覿何得爲乎諸侯之庭譏其與君無別也○爲人臣者無外交不敢貳君也者一解所以從君而行不敢私覿之意爲人之臣既無外交唯專一事君既從君而行不敢貳心於他君所以不行私覿之禮○注其君至私見○正義曰案聘禮臣出使有私覿今云私覿非禮也故知從君行也且經朝覲是君親行之事云以君命聘則有私見者解經文執圭而使所以申信也約聘禮有私覿故云以君命聘則有私見也○大夫而饗君非禮也其饗君由強且富也大夫強而君殺之義也由三桓始也○三桓魯桓公之子公之弟公子慶父公子牙公子友慶父與牙通於夫人以脅公季友以君命鴆牙後慶父弑二君又死也○慶父音甫鴆直陰反弑音試○

天子無客禮莫敢爲主焉君適其臣升自阼階不敢有其室也明饗君非禮也○升自阼才路反本又作升自阼階覲禮天子不下堂而見諸侯正君臣也下堂而見諸侯天子之失禮也由夷王以下夷王周康王之玄孫之子也時微弱不敢自尊於諸侯○

〔疏〕大夫至始也○正義曰大夫富強專制於君召君而饗之非禮也大夫強而君殺之義者大夫強盛則干國亂紀而君能殺之是銷絕惡源得其義也○由三桓始也者從三桓以後有能誅殺強臣由三桓而來故云由三桓始也○注三桓至死也○正義曰案春秋公子慶父公子牙公子友皆莊公弟是桓公子也云慶父與牙通於夫人以脅公者案莊公二十七年公子友如陳葬原仲公羊云辟內難內難者何公子慶父公子牙通乎夫人以脅公何休云公病問後於牙牙對曰魯一生一及君已知之牙欲立慶父是脅公也云季友以君命鴆牙者案莊三十二年左傳云公疾問後於叔牙對曰慶父材問於季友對曰臣以死奉般公曰鄉者牙曰慶父材成季使以君命命僖叔待于鍼巫氏使鍼季酖之是

也後慶父弑二君者莊公三十二年左氏云八月癸亥公薨
于路寢子般即位冬十月己未共仲使圉人犖賊子般于黨
氏閔二年秋八月辛丑共仲使卜齮賊公于武闈是弑二君
也云又死也者案左氏云成季以僖公適邾共仲奔莒乃入
立之以賂求共仲于莒莒人歸之及密使公子魚請不許哭
而往共仲曰奚斯之聲也乃縊是慶父又死也案三桓之前
齊有公孫無知作亂衞有州吁宋有長萬皆以強盛被殺而
云由三桓始者熊氏云據魯而言猶如論語云十世五世希
不失矣三桓之後若襄仲季孫意如雖強君不能殺據時有
能殺者言之然此經注並公羊文以左氏傳爲解耳○注明
饗君非禮也○正義曰天子無客禮莫敢爲主焉君適其臣
升自阼階臣不敢有其室臣既不敢爲主明饗君非禮結上
文也春秋之時則有諸侯饗天子故莊二十一年鄭伯享王
于闕西辟樂備亂世非正法也○覲禮至以下○案覲禮天
子負斧依南面侯氏執玉入是不下堂見諸侯也若春朝夏
宗則以客禮待諸侯以車出迎熊氏云春夏受三饗之時乃
有迎法義或然也故齊僕云各以其等爲車送逆之節注云
節謂王乘車迎賓客及送相去遠近之數是也○由夷主以
以下者夷王下堂而見諸侯自此以後或有然故云以下○
注夷王至子也○正義曰案世本康王生昭王昭王生穆王

穆王生恭王恭王生懿王懿王崩弟孝王立孝王崩懿王大子燮立是爲夷王懿王是康王之玄孫夷王是懿王之子故云玄孫之子也○諸侯之宮縣而祭以白牡擊玉磬朱干設錫冕而舞大武乘大路諸侯之僭禮也言此皆天子之禮也宮縣四面縣也干盾也錫傅其背如龜也武萬舞也白牡大路殷天子禮也○縣音玄注及下同錫音陽注同盾本亦作楯純尹反又音尹傅音附背補佩反臺門而旅樹反坫繡黼丹朱中衣大夫之僭禮也言此皆諸侯之禮也旅道也屏謂之樹樹所以蔽行道管氏樹塞門塞猶蔽也禮天子外屏諸侯內屏大夫以簾士以帷反坫反爵之坫也蓋在尊南兩君相見主君旣獻於反爵焉繡黼丹朱以爲中衣領緣也繡讀爲綃綃繒名也詩云素衣朱綃又云素衣朱襮襮黼領也○坫丁念反繡依注作綃音消注或作綃亦同黼音甫簾音廉於反爵焉本或作賓反爵焉領緣移絹反繒似陵反襮音博○故天子微諸侯僭大夫強諸侯脅於此相貴以等相

覲以貨相賂以利而天下之禮亂矣（言僭所由）諸侯不敢祖天子大夫不敢祖諸侯而公廟之設於私家非禮也由三桓始也（言仲孫叔孫季孫氏皆立桓公廟魯以周公之故立文王廟三家見而僭焉）

〔疏〕諸侯至始也○正義曰此一節揔論諸侯及大夫奢僭強盛之事各依文解之○諸侯之宮縣者諸侯唯合軒縣今乃有宮縣又諸侯祭用時王牲今用白牡又諸侯擊石磬今擊玉磬又諸侯得舞大武故詩云方將萬舞宣八年萬入去籥是也但不不得朱干設鍚冕服而舞今朱干設鍚冕而舞大武諸侯合乘時王之車今乃乘殷之大路並是諸侯僭禮也○注言此至禮也○正義曰案小胥天子宮縣案文十三年公羊傳云周公用白牡又明堂位云祀周公於太廟牲用白牡擊玉磬則皐陶謨云鳴球是也祭統云朱干玉戚冕而舞大武明堂云魯君孟春乘大路其祭統明堂。所云皆天子禮樂特賜周公故云皆天子之禮魯唯文王周公廟得而用之若用於他廟則為僭也若他國諸侯非二王之後祀受命之君而用之皆為僭也云錫傳其背如龜也者詩云鏤錫謂以金飾之則此錫亦以金飾也謂用金琢傅其盾背盾背外高龜背亦外高故云如龜也葢見漢禮然也白牡是般之正色大路與白牡同文故知白牡大路是般天子之禮也○臺門至禮也○此一經明大夫僭諸侯禮臺門者兩邊起土爲臺臺上架屋曰臺門○而旅樹者旅道也樹立也人君當門道立屏蔽內外爲蔽也○反坫者反爵之坫也若兩君相享則設尊兩楹間坫在其南坫以土爲之○繡黼丹朱中衣者綃繒也黼刺繒爲黼文也丹朱赤色謂染繒爲赤色也中衣謂以素爲冕服之裏衣猶今中衣單也○大夫之僭禮也者自臺門以下於時大夫皆有此事故言僭禮也○注言禮至領也○正義曰旅道也所行處故以爲道也云屏謂之樹釋宮文引管氏樹塞門者據經旅樹之義云禮天子外屏諸侯內屏大夫以簾士以帷者禮緯文南本云及定本皆然或云大夫以帷士以簾誤也云反坫反爵之坫也者以明堂○云反坫出尊則坫爲尊而設故知反坫反爵也以言出尊故云葢在尊南也鄉飲酒是卿大夫之禮尊於房戶間燕禮是燕已之臣子故尊於東楹之西若兩君相敵則尊於兩楹間故其坫在兩楹間云兩君相見主君既獻於反爵焉者案論語云邦君爲兩君之好有反坫故知兩君相見也故注云其獻酬之禮更酌酌畢則各反爵於坫上故云主君既獻於反爵焉謂於此坫上

而反爵焉熊氏云主君獻賓賓筵前受爵飲畢反此虛爵於坫上於西階上拜主人於阼階上荅拜賓於坫取爵洗爵酌以酢主人主人受爵飲畢反此虛爵於坫上主人阼階上拜賓荅拜是賓主飲畢反爵於坫上也而論語注酌畢各反爵於坫上者文不具耳其實當云飲畢或可初酌之時則奠於坫與鄉飲酒禮異也義有疑故具存焉云繡黼丹朱以爲中衣領緣也者中衣謂冕及爵弁之中衣以素爲之繡黼爲領丹朱爲緣云繡讀爲綃綃繒名也者案注昏禮引詩云素衣朱綃魯詩亦以爲綃綃綺屬以魯詩既爲綃字又五色備曰繡白與黑曰黼繡黼不得共爲一物故以繡爲綃也謂於綃上而刺黼文也引詩云素衣朱綃者證以繡爲綃又引詩素衣朱襮者證黼領也案釋器黼領謂之襮故云襮黼領也案玉藻云以帛裏布非禮也此素衣是綠當爲冕及爵弁之中衣禮朝燕之服皆以布爲之皇氏云此素爲中衣兼爲朝燕服之中衣非也案禮公之孤四命則爵弁自祭也則天子大夫四命亦當爵弁自祭則中衣得用素但不得用綃黼爲領丹朱爲緣耳熊氏云此云大夫僭謂非四命大夫而著素衣爲僭今爲四命得著素衣但以綃黼丹朱猶爲僭也其大夫士助祭於君服爵弁以上雖中衣用素亦不得用綃黼丹朱以爲領緣以其是諸侯之服故唐詩揚之水刺晉昭公微弱

云素衣朱綃從子于鵠國人欲進此服去從桓叔爲諸侯也○於此相貴以等相覿以貨○謂臣下不畏懼於君而擅相尊貴以等列故庾云擅相封爵也○相覿以貨者大夫私相覿以貨賄不辟君○注魯以至僭焉○正義曰知魯得立文王廟者案襄十二年秋吳子壽夢卒臨於周廟禮也注云周廟謂文王廟也此經云諸侯不敢祖天子而文二年左傳云宋祖帝乙鄭祖厲王大夫不敢祖諸侯而莊二十八年左傳云凡邑有宗廟先君之主曰都與此文不同者此據尋常諸侯大夫彼據有人功德者故異義禮戴引此郊特牲云又匡衞說支庶不敢薦其禰下士諸侯不得專祖於王古春秋左氏說天子之子以上德爲諸侯者得祖所自出魯以周公之故立文王廟左傳宋祖帝乙鄭祖厲王猶上祖也又曰凡邑有宗廟先君之主曰都以其有先君之主公子爲大夫所食采地亦自立所出宗廟其立先公廟準禮公子得祖先君公孫不得祖諸侯許愼謹案周公以上德封於魯得郊天兼用四代之禮樂知亦得祖天子諸侯有德祖天子者知大夫亦得祖諸侯鄭氏無駮與許氏同也其王子母弟無大功德不得出封食采畿內賢於餘者亦得采地之中立祖王廟故都宗人家宗人皆爲都家祭所出祖王之廟也

○天子存二代之後猶尊賢

也尊賢不過二代過之遠難法也二或爲三○過古臥反○【疏】天子至二代○正義曰此一節論王者立二王後尊賢之事○天子存二代者天子繼世而立子孫以不肖滅亡見在子孫又無功德仍須存之所以存二代之後者猶尚尊其往昔之賢所能法象○尊賢不過二代者所以尊賢之事取其法象但代異時移今古不一若皆法象先代今則不可盡行故所尊之賢不過取二代而已若過之遠難爲法也案異義公羊說存二王之後所以通天三統之義引此文古春秋左氏說周家封夏殷二王之後以爲上公封黃帝堯舜之後謂之三恪許慎謹案云治魯詩丞相韋玄成治易施讎等說引外傳曰三王之樂可得觀乎知王者所封三代而已不與左氏說同鄭駁之云所存二王之後者命使郊天以天子之禮祭其始祖受命之王自行其正朔服色恪者敬也敬其先聖而封其後與諸侯無殊異何得比夏殷之後如鄭此言公羊自據二王之後左氏兼論三恪義不乖異也熊氏云周之三恪越少昊高辛遠存黃帝者取其制作之人故易繫辭云神農氏沒黃帝堯舜氏作義當然也

諸侯不臣寓公故古者寓公不繼世寓寄也寄公之子非賢者世不足尊也寓或爲託○寓音遇○

【疏】諸侯至繼世○正義曰此一節論寄公之子爲臣之事○注寓寄至尊也○正義曰案喪服傳云寄公者何也失地之君也或天子削地或被諸侯所逐皆爲失地也諸侯不臣者不敢以寄公爲臣也○君之南鄉荅陽之義也臣之北面荅君也荅對也○鄉許亮反下君南鄉同○大夫之臣不稽首非尊家臣以辟君也辟國君也○辟音避注同【疏】大夫至君也○正義曰此一節論大夫君辟正君之事諸侯則稽首於天子大夫則稽首於諸侯皆盡其臣禮以事君今大夫家臣於大夫之處拜時不爲稽首非是尊敬此家臣不令稽首所以不稽首者以辟國之正君臣於國君已皆稽首今大夫之臣又稽首於大夫之君便是一國兩君故云以辟君也大夫得稽首於諸侯不辟天子者謂諸侯有大功德出封畿外專有其國故大夫得專盡臣禮事之也大夫有獻弗親君有賜不面拜爲君之荅已也不面拜者於外告小臣小臣受以入也小臣掌三公孤卿之復逆也【疏】大夫至已也○正義曰此經論君尊大夫之事○大夫有獻弗親者謂大夫有物

獻君使人獻之不親來獻○君有賜不面拜者謂君有物賜大夫大夫不面自來拜所以然者恐爲君之荅已故不自來不報而去○注小臣至逆也○正義曰案大僕掌諸侯之復逆御僕掌羣吏之逆及庶民之復皆無大夫之文即此小臣所掌孤卿中兼之故鄭云復謂奏事也逆謂受下奏也

○**鄉人禓**禓強鬼也謂時儺索室敺疫逐強鬼也禓或爲獻或爲儺○禓音傷鬼名也強其丈反難乃多反下同本又作儺索色百反下文注皆同敺又作驅同起俱反

孔子朝服立于阼存室神也神依人也〔疏〕鄉人至神也○正義曰此一節論孔子存神之事○鄉人禓者庾云禓是強鬼之名謂鄉人驅逐此強鬼孔子則身著朝服立于阼階之上所以然者以時驅逐強鬼恐已廟室之神時有驚恐故著朝服立于廟之阼階存安廟室之神使神依已而安也所以朝服者大夫朝服以祭故用祭服以依神

○**孔子曰射之以樂也何以聽何以射**多其射容與樂節相應也

孔子曰士使之射不能則辭以疾縣弧之義也男子生而設弧於門左示有射道而未能也女子設帨○弧音胡帨始銳

反〔疏〕孔子至義也○正義曰此一節論歎美祭廟擇士之射必使容體合樂故云射之以樂○何以聽者言何以能聽此樂節使與射容相應○何以射者言何以能使射與樂節相應故各善其兩事相應故鄭注射義云何以言其難也○孔子曰士使之射不能則辭以疾縣弧之義也者孔子既美射之與樂相應又論身之不可不習爲士之法理合能射今使之射若其不能便是乖於爲士之義則當辭以疾病縣弧之義也者以男子初生縣弧於門左示有射道而未能也今士亦有射道以其疾病而不能與男子初生縣弧相似故云縣弧之義也○注男子至設帨○正義曰案内則云子生男子設弧於門左女子設帨於門右男子所以設弧者示其有射道所以縣之者以其未能也長大不得不能故辭以疾也

孔子曰三日齊一日用之猶恐不敬二日伐鼓何居居讀爲姬語之助也何居怪之也伐猶擊也齊者止樂而二日擊鼓則是成一日齊也○齊本又作齋同側皆反後放此何居音姬〔疏〕孔子至何居○正義曰此一經論祭之失禮之事祭前宜齊而專一不得伐鼓也凡祭必散七日致齊三日不樂不弔致齊三日專其一心用以祭祀猶恐爲敬不足故云猶恐不敬也

于時祭者在致齊三日之中而二日伐鼓使祭者情散意○逸以違禮故譏而問之二日伐鼓何姬姬是語助之辭也

孔子曰繹之於庫門內祊之於東方朝市之於西方失之矣祊之禮宜於廟門外之西室繹又於其堂神位在西也此二者同時而大名曰繹其祭禮簡而事尸禮大朝市宜於市之東偏周禮市有三期大市日側而市百族爲主朝市朝時而市商賈爲主夕市夕時而市販夫販婦爲主○繹音亦祊百彭反賈音古販甫萬反【疏】孔子至之矣○正義曰此一經論魯失禮之事○繹之於庫門內者繹祭之禮當於廟門外之西堂今乃於庫門內○祊之於東方者祊當在廟門外西室今乃於廟門外東方○朝市之於西方者朝市謂朝時而市當於市內東方謂市內近東也今乃於市內西方○失之矣者言此三事皆違於禮故言失之矣○注祊之至爲主○正義曰祊之禮宜於廟門外之西室者下文索祭祝于祊是爲祭設故當在廟門外又釋宮云閍謂之門孫炎云謂廟門外又引詩云祝祭於祊故知廟門也知廟門外者禮器云爲祊乎外故知在外也以西是鬼神之位室又求神之處故知在廟門外之西室云繹又於其堂者祊是求神之名繹是接尸之稱求神在

室接尸在堂故云繹又於其堂云此二者同時而大名曰繹者祊是室內求神繹是堂上接尸一時之事故云二者同時案春秋宣八年壬午猶繹繹者云繹又祭詩絲衣云繹賓尸但有繹名而無祊稱是大名曰繹云其祭禮簡而事尸禮大者案儀禮有司徹是上大夫儐尸也但於堂上獻尸獻侑全無室中之事又絲衣云自堂徂基自羊徂牛是祭神也下云兕觥其觩旨酒其柔是接尸也故知祭神禮簡事尸禮大天子諸侯謂之爲繹其祭之明日於廟門外西室及堂而行禮也上大夫曰儐尸與祭同日於廟堂之上而行禮也下大夫及士雖有獻尸及賓等相酬酢行禮於廟之事不謂之儐尸也引周禮大市日側而市以下皆周禮司市文日中百族爲主者注云百族必容來去商賈爲主謂商賈家在外市城販夫販婦朝資夕賣凡日中朝夕百族商賈及販夫販婦皆言爲主者據其多耳皇氏以爲日側日將中而未中猶在東側故鄭注彼云日昃昳中也○社祭土而主陰氣也君南鄉於北墉下答陰之義也牆謂之墉北墉社內北牆○庸本亦作墉音容日用甲用日之始也國中之神莫貴於社天子大社必受霜露風雨

以達天地之氣也大社王爲羣姓所立○大音太下文注大社大王大廟大古大王皆同爲于僞反下文爲社爲焚皆同是故喪國之社屋之不受天陽也薄社北牖使陰明也絕其陽通其陰而已薄社殷之社殷始都薄○喪息浪反薄本又作亳步各反牖音酉○社所以神地之道也地載萬物天垂象取財於地取法於天是以尊天而親地也故教民美報焉家主中霤而國主社示本也中霤亦土神也唯爲社事單出里唯爲社田國人畢作唯社丘乘共粢盛所以報本反始也單出里皆往祭社於都鄙二十五家爲里畢作人則盡行非徒羨也丘十六井也四丘六十四井曰甸或謂之乘乘者以於車賦出長轂一乘乘或爲鄰○乘時證反注同又徒徧反共音恭粢音資甸徒練反又繩證反

〔疏〕○社祭至始也　正義曰此

一節總論社神之義兼明所祭之禮○社祭土而主陰氣也
者土謂五土山林川澤丘陵墳衍原隰也以時祭之故云社
祭土土是陰氣之主故云而主陰氣也○君南鄉於北墉下
荅陰之義也者墉牆也社既主陰陰宜在北故祭社時以社
在南設主壇上北面而君來在北牆下而南鄉祭之是對陰
之義也○日用甲用日之始也者社是國中之貴神甲是旬
日之初始故用之也○天子大社必受霜露風雨以達天地
之氣也者是解社不屋義也達通也風雨至則萬物生霜露
降則萬物成故不爲屋以受霜露風雨霜露風雨至是天地
氣通也故云達天地之氣也是故喪國之社屋之不受天陽
也者喪國社者謂周立殷社也立以爲戒不生成天是生法
其無生義故社屋隔之令不受天之陽也白虎通云王者諸侯
必有誡社者何示有存亡也明爲善者得之爲惡者失之○
薄社北牖使陰明也者即喪國社也殷始都薄故呼其社爲
薄社也周立殷社爲戒而屋之塞其三面唯開北牖示絕陽
而通陰陰明則物死也社所以神地之道也者言立社之祭
是神明於地之道故也發此句爲下張本也○地載萬物者
釋地所得神之由也地之爲德以載萬物爲用故也○天垂
象者欲明地之貴故引天爲對也地有其物天上皆垂其象
所謂在天成象在地成形也○取財於地者地須產財並在

地出。爲人所取也。取法於天者人知四時早晚皆倣日月星辰以爲耕作之候是取法於天。是以尊天而親地也者所取法者故尊而祭之天子祭天是也所取財者故親而祭之一切親地而共祭社是也。故教民美報焉者此結祀社也地既爲民所親故與庶民祭之以教民美報故也。家主中霤者中霤謂土神卿大夫之家主祭土神在於中霤。而國主社者謂天子諸侯之國主祭土神於社。示本也者以土神生財以養官之與民故皆主祭土神示其養生之本也唯爲社事單出里者社事民祭社事也單盡也里居也社既爲國之本故若祭社則合里之家並盡出故云單出里也此唯每家出一人不人人出也。唯爲社田國人畢作者田獵也畢盡也作行也既人人得社福故若祭社先爲社獵則國中之人皆盡行無得住家也。唯社丘乘共粢盛者鄉說祭社用牲此明祭社用米也丘乘者都鄙井田也九夫爲井四井爲邑四邑爲丘四丘爲乘唯祭社使丘乘共其粢盛也粢稷也稷曰明粢在器曰盛庾蔚云粢盛所須者少故丘乘共之也皇氏云若天子諸侯祭社則用藉田之穀大夫以下無藉田若祭社則丘乘之民共之示民出力也。所以報本反始也者結美報也皇氏云國人畢作是報本而丘乘共粢盛是反始言粢盛是社所生故云反始也熊氏。祭社稷之神爲報本祭所配之人爲反始未知孰是故兩存焉○注大社至所立○正義曰知爲羣姓所立者祭法文但社稷之義先儒所解不同鄭康成之說以社爲五土之神稷爲原隰之神句龍以有平水土之功配社祀之稷播五穀之功配稷祀之鄭必以爲此論者案郊特牲云社祭土而主陰氣又云社所以神地之道又禮運云命降于社之謂殽地又王制云祭天地社稷爲越紼而行事據此諸文故知社即地神稷是社之細別別名曰稷稷乃原隰所生故以稷爲原隰之神若賈逵馬融王肅之徒以社祭句龍稷祭后稷皆人鬼也非地神故聖證論王肅難鄭云禮運云祀帝於郊所以定天位祀社於國所以列地利社若是地應云定地位而言列地利故知社非地也爲鄭學者馬昭之等通之云天體無形故須云定位地有形不須云定位故唯云列地利肅又難鄭云祭天牛角繭栗而用特牲祭社用牛角尺而用大牢又祭天地大裘而冕祭社稷絺冕又唯天子令庶民祭社社若是地神豈庶民得祭地乎爲鄭學者通之云以天神至尊而簡質事之故牛角繭栗而用特牲服著大裘天地至尊天子至貴天子祭社是地之別體有功於人報其載養之功故用大牢貶降於天故角尺也祭用絺冕取其陰類庶人蒙其社功故亦祭之非是方澤神州之地也肅又難鄭云召誥用牲于郊牛二明后稷

配天故知二牲也又云社于新邑牛一羊一豕一明知唯祭句龍更無配祭之人爲鄭學者通之云是后稷與天尊卑所别不敢同天牲句龍是上公之神社是地祇之别尊卑不甚縣絕故云配同牲也肅又難鄭云后稷配天孝經有配天明文后稷不稱天也祭法及昭二十九年傳云句龍能平水土故祀以爲社不云祀以配社明知社即句龍也爲鄭學者通之云后稷非能與天同功唯尊祖配之故云不得稱天句龍與社同功故得云祀以爲社而得稱社也肅又難云春秋說伐鼓於社責上公不云責地祇明社是上公也又月令命民社鄭注云社后土也孝經注云后稷土也句龍爲后土鄭既云社后土則句龍也是鄭自相違反爲鄭學者通之云伐鼓責上公者以日食臣侵君之象故以責上公言之句龍爲后土之官其地神亦名后土故左傳云君戴皇天而履后土地稱后土與句龍稱后土名同而無異也鄭注云后土者謂土神也非謂句龍也故中庸云郊社之禮注云社祭地神又鼓人云以靈鼓鼓社祭注云社祭祭地祇也是社爲地祇也其社稷制度白虎通云天子之社壇方五丈諸侯半之説者又云天子之社封五色土爲之若諸侯受封各割其方色土與之則東方青南方赤之類是也上皆以黄土也其天子諸侯皆有二社者祭法云王爲羣姓立社曰大社王自爲立社曰

王社諸侯爲百姓立社曰國社諸侯自爲立社曰侯社是爲有二社又各有勝國之社故此云喪國之社屋之是天子有之也案春秋亳社災公羊云亡國之社蓋揜之揜其上而柴其下是魯有之也襄三十年左傳云鳥鳴于亳社是宋有之也此是天子諸侯二社之義其所置之處小宗伯云右社稷左宗廟鄭云庫門內雉門外之左右爲羣姓立社者在庫門內之西自爲立者在藉田之中其亡國之社穀梁傳云亡國之社以爲廟屏戒或在廟或在庫門內之東則亳社在東也故左傳云間于兩社爲公室輔魯之外朝在庫門之內東有亳社西有國社朝廷執政之處故云間於兩社也其卿大夫以下案祭法云大夫以下成羣立社曰置社注云大夫不得特立社與民族居百家以上則共立一社今時里社是也如鄭此言則周之政法百家以上得立社其秦漢以來雖非大夫民二十五家以上則得立社故云今之里社又鄭志云月令命民社謂秦社也自秦以下民始得立社也其大夫以下所置社者皆以土地所宜之木則論語云夏后氏以松殷人以柏周人以栗故大司徒云而樹之田主各以其野之所宜木是也其天子大社之等案尚書無逸篇曰大社唯松東社唯柏南社唯梓西社唯栗北社唯槐其天子諸侯大夫等皆有稷也故注司徒田主田神后土田正之所依也田正則稷

神也田主尚然故知天子諸侯社皆有稷其亡國之社亦有稷故士師云若祭勝國之社稷則爲之尸是有稷也但亡國之社稷故略之用刑官爲尸則其祭餘社爲尸不用刑官也其社之祭一歲有三仲春命民社一也詩云以社以方謂秋祭二也孟冬云大割祠于公社是三也其社主用石故鄭注宗伯云社之主蓋用石案條牒論稷壇在社壇西俱北嚮營並壇共門或曰在社壇北其用王無文不可強言今禮用兩圭有邸異義今孝經說曰社者土地之主土地廣博不可徧敬封五土以爲社古左氏說共工爲后土后土爲社許君謹案亦曰春秋稱公社今人謂社神爲社公故知社是上公非地祇鄭駁之云社祭土而主陰氣又云社者神地之道謂社神但言上公失之矣今人亦謂雷曰雷公天曰天公豈上公也異義稷。今孝經說稷者五穀之長穀衆多不可徧敬故立稷而祭之古左氏說列山氏之子曰柱死祀以爲稷稷是田正周棄亦爲稷自商以來祀之許君謹案禮緣生及死故社稷人事之既祭稷穀不得但以稷米祭稷反自食同左氏義鄭駁之云宗伯以血祭祭社稷五嶽四瀆社稷之神若是句龍柱棄不得先五嶽而食又引司徒五土名又引大司樂五變而致介物及土示土示五土之揔神即謂社也六樂於五地無原隰而有土祇則土祇與原隰同用樂也又引詩信南山云昀昀原隰下之◦黍稷或云原隰生百穀黍爲之長然則稷者原隰之神若達此義不得以稷米祭稷爲難○注單出里皆往祭社於都鄙二十五家爲里畢至轂一乘○正義曰單出里皆往祭社於都鄙者案周禮都鄙公卿大夫采地公卿大夫祭社其里之人皆往就祭此據采地言之故云往祭社於都鄙必知據采地者以經云唯社丘乘丘乘是采地井田之制故舉采地言焉其公邑之民所屬酇鄙縣遂有祭社之事則亦往酇鄙中助之其六鄉之內族祭酺黨祭禜雖滿百家以上不祭社也唯其州祭社其所屬閭民祭社祭禜祭酺之時亦皆往也但此文主於社故特言社耳云人則盡行非徒羨也者案周禮小司徒云凡起徒役毋過家一人以其餘爲羨羨則家一人之外皆爲羨也此云人則盡行非徒羨似羨外更有人者若六鄉上劑致民一人爲正卒又一人爲羨卒其餘爲餘夫則據都鄙及六遂之外羨卒外有餘夫故云非徒羨也云丘十六井也以下皆司馬法文○**季春出火爲焚也**謂焚萊也凡出火以火出建辰之月火始出○**然後簡其車賦而歷其卒伍而君親誓社以習軍旅左之右之坐之起之以觀其**

習變也簡歷謂算具陳列之也君親誓社誓吏士以習軍旅旣而遂田以祭社也言祭社則此是仲春之禮也仲春以火田田止弊火然後獻禽至季春火出而民乃用火今云季春出火乃牧誓社記者誤也社或爲省○卒祖忽反算思管反省思淺反○而流示之禽而鹽諸利以觀其不犯命也流猶衍也行行田也鹽讀爲艷行田示之以禽使歆艷之觀其用命不也謂禽爲利者凡田大獸公之小禽私之○鹽依注音艷行行上如字下及下行田皆下孟反歆許金反○求服其志不貪其得失伍而獲猶爲犯命故以戰則克以祭則受福○天子適四方先柴所到必先燔柴有事於上帝也書曰歲二月東巡守至于岱宗柴○燔音煩守手又反岱音代

〔疏〕季春至先柴○正義曰此一節論仲春祭社之前田獵取禽以祭社獲福之事○季春出火爲焚也者祭社旣用仲春此出火爲焚當在仲春之月今云季春者記者以季春之時民始出火記者錯誤遂以爲天子諸侯用焚亦在季春故誤爲季春當爲仲春也爲焚者謂焚燒除治宿草然後簡其車賦者謂旣焚之後簡選車馬及兵賦器械

之屬○而歷其卒伍者謂歷其百人之卒五人之伍○而君
親誓社者謂君親自誓此士衆以習軍旅既而遂田以所得
之禽獸因以祭社故云親誓社左之右之坐之起之者謂戒
勑之以習軍旅之事或左或右或坐或起○以觀其習變也
者謂君親自觀於習武變動之事○而流示之禽者流行也
謂教陳訖而行田禮謂驅禽於陳前以示士卒也○而鹽諸
利者鹽者艷也諸於也利則禽也所以驅禽示之而歆艷之
以小禽之利○以觀其不犯命也者於此之時觀其士卒犯
命與不犯軍命者○求服其志不貪其得者所以觀其犯命
與否者求欲服其士卒之志使進退依禮不欲貪其犯命苟
得於禽言失伍得禽猶爲犯命不免罰也○故以戰則克以
祭則受福者以其所爲得禮戰則克勝祭則受福○注爲焚
至始出○正義曰出火以火出者案春秋火出爲夏三月此
出火者謂出陶冶之火故左氏昭六年鄭人鑄刑書火未出
而用火故晉士文伯譏之若田獵之火則昆蟲蟄後得火田
以至仲春也○注歷至誤也○正義曰簡歷謂算具陳列之
者經云左之右之軍或須左或須右坐之起之謂須坐須起
崔氏云謂士卒至前表而坐將行而起崔氏所言是仲冬大閱
之禮未知春時亦然以否云言祭社則此是仲春之禮也者
此經無祭社之文以連前經祭社之事故云此是仲春之禮

云仲春以火田田止弊火者周禮大司馬職文引之者證仲春火弊而田止云至季春出火而民乃用火者案司爟云季春出火民咸從之故民乃用火云今云季春出火乃誓社記者誤也者謂作記之人見季春民之出火謂爲焚萊祭社故稱季春○注鹽讀至私之○正義曰鹽艷聲相近歆艷是愛欲之言故讀從艷也云大獸公之小禽私之二者大司馬文○天子適四方先柴○正義曰此一節明天子巡守祭天之禮○天子適四方先柴者謂巡守至方嶽先燔柴以告天是尊天故也○注書曰至宗柴○正義曰此虞書舜典文案鄭注尚書以爲別有舜典之篇將此爲堯典與古文異也此祭上帝謂祭當方帝皇氏云謂祭感生帝義非也

附釋音禮記注疏卷第二十五

武寧盧氏宣旬校定

皇清嘉慶二十年重栞宋本禮記注疏附校勘記

江西南昌府學栞

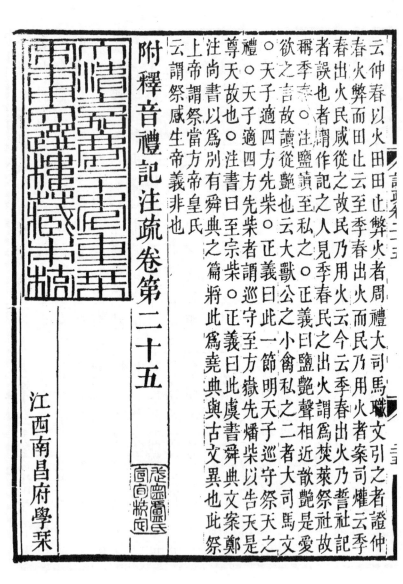

禮記注疏卷二十五挍勘記　阮元撰盧宣旬摘錄

附釋音禮記注疏卷第二十五　惠棟挍宋本禮記正義卷第三十四

郊特牲第十一

郊特牲而社稷大牢節

次路五就　各本同毛本就誤路

郊特至已矣　惠棟挍宋本無此五字

論小少及薄味爲貴　惠棟挍宋本作小少此本小少二字倒閩監毛本同

是五帝與大帝六也　惠棟挍宋本同閩監毛本大作天

郊祀裘冕送逆尸　閩本同惠棟挍宋本同衞氏集說同監毛本逆作迎

秖可以次用醴齊　閩監毛本醴作醍是也

不敢與王之神靈共尊 惠棟挍宋本有與字此本與字脫閩監毛本同

凡特祀之牲 閩監毛本同惠棟挍宋本特作時

則用牷物 按周禮則作必

其常祀之牲則皆用牡 惠棟挍宋本有牡此本牡字脫閩監毛本同

皆用大牢也 惠棟挍宋本有也字此本也字脫閩監毛本同

殷則有三路 閩監毛本同惠棟挍宋本無有字

君三重席而酢然 惠棟挍宋本然作焉是也閩監毛本並誤

大饗君三重席節

賓爲苟敬 閩本同惠棟挍宋本同正義同宋監本同岳本同嘉靖本同考文引古本足利本同○按儀禮正作賓爲苟敬監毛本苟誤尊衞氏集說同疏中六苟敬字皆放此

大饗至酢焉　惠棟挍宋本無此五字

三獻之介君尊專席而酢焉至此以就卑也　閩監毛本無至字專上無尊字此下有降尊二字惠棟挍宋本作三獻至卑也

席於阼階之西北而其介爲賓　閩監毛本同惠棟挍宋本而作面按燕禮記是面字

西階上卒爵賓酢主人　閩監毛本同惠棟挍宋本賓作以

與賓客相獻之禮　閩監毛本同惠棟挍宋本無客字禮下有也字

饗禘有樂節

饗禘至陽也　惠棟挍宋本無此五字

食耆老亦食孤子　惠棟挍宋本句上有秋字此誤脫也閩監毛本同

鼎俎奇而籩豆偶節

鼎俎至義也　惠棟挍宋本無此五字

賓入大門節

孔子屢歎之　各本同石經同釋文出婁歎云本又作屢。按婁屢古今字

賓入至物得　惠棟挍宋本無此五字

主人納賓是已之臣子　惠棟挍宋本賓字重此本脫一賓字閩監毛本同衞氏集說同

燕享之時　惠棟挍宋本燕上有受字此本脫閩監毛本同享作饗

賓初奠酬薦東　閩監毛本同衞氏集說同按東字不誤考文云補本東作束非也

案燕禮記賓。及庭　案及上。誤衍閩監毛本不誤

客醉出所奏也　閩監毛本同惠棟挍宋本出上有而字

天子所以享元侯惠棟挍宋本同閩監毛本享作饗下王享燕元臣元侯自相享同

皆歌鹿鳴合鄉是也惠棟挍宋本鄉下有樂字衞氏集說同此本樂字脫閩監毛本同

案鄉酒禮及燕禮閩監本鄉下有飲字此誤脫也毛本飲誤射

而南本納夏獨夏文在上閩本同惠棟挍宋本同監毛本文誤又惠棟云南本儀禮納夏作夏納

竹篪笛也閩監毛本同惠棟挍宋本篪作箎

匏竹可賤故在下惠棟挍宋本在下有堂字衞氏集說同此本誤脫閩監毛本同

天氣化閩監毛本同衞氏集說天下有以字

旅幣無方節

以鐘次之閩監毛本同岳本同嘉靖本同石經鐘字右角壞闕衞氏集說鐘作鍾陳澔集說同石經考文提要

云宋本九經南宋巾箱本至善堂九經本皆作鍾

鐘金也 閩監毛本同岳本同嘉靖本鐘作鍾衛氏集說同下鐘其大者同

往德也 各本同石經同釋文出往德正義云南本及定本皆作往德北本爲任德

旅幣至德也 惠棟挍宋本無此五字

貴金以供王之鑄器 閩監毛本同衛氏集說貴作貢

金列庭實 閩監毛本同浦鏜挍云金當作今字誤

庭燎之百節

庭燎至始也 惠棟挍宋本無此五字

但崇翺問引大戴禮也何以言益沈閣對曰 閩監毛本同許宗彥云曲禮疏有崇精月令疏有氾閣

朝覲節

朝覲至君也　惠棟按宋本無此五字

且經朝覲　惠棟按宋本作經云此本云字脫閩監毛本同

大夫而饗君節

公之弟　各本作莊公此本莊字脫

後慶父弒二君　各本同釋文弒作殺

升自阼階　閩監毛本同石經同岳本同嘉靖本同衛氏集說同釋文出升自阼云本又作升升自阼階

大夫至始也　惠棟按宋本無此五字

大夫強而君殺之義者　惠棟按宋本作也者此本也字脫閩監毛本同

是鑴絕惡源　閩監本同毛本源作原

各以其等爲車送逆之節 閩本同惠棟挍宋本同衛氏集說同監毛本逆作迎○按周禮作逆

自此以後或有然 惠棟挍宋本作然者衛氏集說同此本者字脫閩監毛本同

諸侯之宮縣節

朱干設錫 閩監本同石經同岳本同衛氏集說同毛本錫誤錫嘉靖本同釋文出設錫云音陽注同

諸侯至始也 惠棟挍宋本無此五字

明堂云魯君孟春乘大路 惠棟挍宋本堂下有位字此本位字脫閩監毛本同下其祭統明堂位所云以明堂位云反坫並同

此一經明大夫僭諸侯禮 閩本同惠棟挍宋本同監毛本經作節

坫在其南 閩本同惠棟挍宋本同監毛本其作尊

諸侯有德祖天子者　閩監毛本同盧文弨云德當作得

祖王之廟也　惠棟挍宋本此下摽禮記正義卷第三十四終記云凡二十二頁

天子存二代之後節　惠棟挍宋本自此節起至野夫黃冠節止爲第三十五卷卷首題禮記正義卷第三十五

天子至二代　惠棟挍宋本無此五字

所能法象　閩監毛本能作取

諸侯不臣寓公節

諸侯至繼世　惠棟挍宋本無此五字

大夫之臣節

大夫至君也　惠棟挍宋本無此五字

此一節論大夫君閩監毛本同惠棟按宋本節作經衞氏集說同

大夫有獻節

大夫至巳也惠棟按宋本無此五字

鄉人禓節

謂時儺閩監毛本同岳本同嘉靖本同衞氏集說同釋文出時難云下同本又作儺

鄉人至神也惠棟按宋本無此五字

謂鄉人駈逐此强鬼閩本同監毛本駈作驅按五經文字云驅作駈訛可見唐人已有書驅作駈者下駈逐同注索室毆疫釋文出毆疫云字又作驅据疏二驅字是正義本注文當作驅疫

孔子曰射之以樂也節

孔子至義也惠棟按宋本無此五字

故各善其兩事相應閩監毛本同考文引補本各作多

孔子曰三日齊節

孔子至何居惠棟挍宋本無此五字

凡祭必散七日閩監毛本散下有齊字此誤脫也

孔子曰繹之於庫門內節

孔子至之矣惠棟挍宋本無此五字

又繹宮云閍謂之門惠棟挍宋本同閩監毛本作門謂之祊衛氏集說同

繹者云繹又祭閩監毛本同衛氏集說同惠棟挍宋本者作天是也

旨酒其柔閩監毛本其作思衛氏集說同其字誤

其祭之明日於廟門外閩監毛本其作在衛氏集說同

社祭土節

君南鄉於北墉下各本同石經同釋文出北庸云本亦作墉惠棟挍宋本作庸注同

薄社北牖閩監本作牖石經同岳本同嘉靖本同此本牖誤墉毛本誤牖衛氏集說同按釋文出北牖云音酉是作牖字是也五經文字云牖作牖非是唐人已有書牖作牖者故此本疏中牖亦皆作牖

取財於地閩本同惠棟挍宋本同石經同宋監本同岳本同嘉靖本同衛氏集說同監毛本財誤材

邱乘共粢盛閩監毛本同石經同岳本同嘉靖本同衛氏集說同釋文出共粢坊本共作供石經考文提要云宋大字本宋本九經南宋巾箱本余仁仲本劉叔剛本並作共

地須產財並在地出閩監毛本同惠棟挍宋本產作財出作上

熊氏祭社稷之神惠棟挍宋本氏下有云字此本誤脫閩監毛本同

以社爲五土之神閩監毛本之作摠衛氏集說同

稷播五穀之功閩監毛本作稷有播種之功衛氏集說同

禮運云祀帝於郊閩毛本同監本禮運二字闕

地有形惠棟挍宋本地下有體字此誤脫也閩監毛本同

尊卑所別閩監毛本所作旣

孝經注云后稷土也閩監毛本同惠棟挍宋本作社后土也

后土者謂土神也監毛本同閩本土作地惠棟挍宋本同

上皆以黃土也閩監毛本同盧文弨挍云皆當作昌

朝廷執政之處惠棟挍宋本同衛氏集說同閩監毛本朝廷誤廟庭

按尚書無逸篇曰閩監毛本同齊召南云按無字衍此尚書逸篇文也見後漢志注

異義稷今孝經說惠棟挍宋本稷下有神字此本誤脫閩監毛本同

下之黍稷或云　閩監毛本同浦鏜云當作下云黍稷或或之誤

注單出里皆往祭社於都鄙二十五家爲里畢至載一乘　閩監毛本同惠棟按宋本無出里至里畢十六字

季春出火節　惠棟按云季春節宋本分天子適四方下另爲一節

至季春火出而民乃用火　閩監毛本同岳本同嘉靖本同衛氏集說同惠棟按宋本火出作出火

季春出火乃牧誓社　惠棟按宋本無誓字岳本同嘉靖本同考文引古本足利本同此本誤衍閩監毛本同衛氏集說作乃親誓社

季春至先柴　惠棟按宋本無此五字

當在仲春也　惠棟按宋本作在此本在誤爲

謂士卒至前表而坐　惠棟挍宋本同閩監毛本表作列

禮記注疏卷二十五挍勘記

附釋音禮記注疏卷第二十六

郊特牲

禮記　鄭氏注　孔穎達疏

郊之祭也迎長日之至也易說曰三王之郊一用夏正夏正建寅之月也此言迎長日者建卯而晝夜分分而日長也○正音征下同○【疏】郊之至至也○正義曰此一節總明郊祭之義○迎長日之至也者明郊祭用夏正建寅之月意以二月建卯春分後日長今正月建寅郊祭通而迎此長日之將至○注易說至長也○正義曰此易緯乾鑿度文必用夏正彼文云方此之時天地交萬物通所以順四時法天地之道按書傳云迎日謂春分迎日也即引寅賓出日皆謂春分知此迎長日非春分者此云兆於南郊就陽位若是春分朝日當在東郊故知非也又下云帝牛不吉以爲稷牛故知祭天非唯祭日也**大報天而主日也**大猶徧也天之神日爲尊○徧音遍**兆於南郊就陽位也**日太陽之精也【疏】

大報至位也○正義曰大猶徧也雖特尊所出之帝而又徧報天之一切神而天之諸神唯日爲尊故此祭者日爲諸神之主故云主日也不用所出之帝爲主而主日者所出尊不與諸神爲賓主也猶如君燕羣臣使膳宰爲主人不以君爲主也○注大猶至爲尊○正義曰天之諸神莫大於日祭諸神之時日居諸神之首故云日爲尊也凡祭日月之禮崔氏云一歲有四迎氣之時祭日於東祭月於西故小宗伯云兆五帝於四郊四望四類亦如之是其一也春分朝日秋分夕月是其二也此等二祭日之與月各祭於一處日之與月皆爲壇而祭所謂王宮祭日夜明祭月皆爲燔柴也夏正郊天之時而主日配以月祭義云大報天而主日配以月是其三也孟冬大蜡之時又祭日月故月令孟冬祈來年于天宗是其四也此二祭并祭日月共在一處則祭日於壇祭月於坎壇則實柴坎則瘞埋也其牲皆用犢故小司徒云凡小祭祀奉牛牲鄭云小祭祀王玄冕所祭是也若所祈禱則用少牢故祭法云埋少牢於泰昭祭時及日月等鄭注云凡以此下皆祭用少牢是也皇氏云以爲日月合祭之時用犢分祭之時用少牢其義非也○

掃地而祭於其質也器用陶匏以象天地之性也觀天下之物無可以

稱其德○稱尺證反於郊故謂之郊牲用騂尚赤也用犢貴誠也尚赤者周也○騂息營反徐呼營反（疏）掃地至誠也○正義曰燔柴在壇正祭於地故云掃地而祭陶謂瓦器謂酒尊及豆籩之屬故周禮旊人爲簋匏謂酒爵此等已具解於上○郊之用辛也周之始郊日以至言日以周郊天之月而至陽氣新用事順之而用辛日此說非也郊天之月而日至魯禮也三王之郊一用夏正魯以無冬至祭天於圜丘之事是以建子之月郊天示先有事也用辛日者凡爲人君當齋戒自新耳周衰禮廢儒者見周禮盡在魯因推魯禮以言周事○圜本又作圓音員凡爲如字或於僞反非也（疏）郊之至以至○正義曰王肅用董仲舒劉向之說以此爲周郊上文云郊之祭迎長日之至謂周之郊祭於建子之月而迎此冬至長日之至也而用辛者以冬至陽氣新用事故用辛也周之始郊日以至者對建寅之月又祈穀郊祭此言始者對建寅爲始也鄭康成則異於王肅上文云迎長日之至自據周郊此云郊之用辛據魯禮也言郊用辛日者取齋戒自新周之始郊日以至者謂魯之始郊日以冬至之月云始者對建寅之月天子郊祭魯於冬至之

月初始郊祭示先有事故云始也○注言日至周事○正義
曰日以周郊天之月而至者謂日體以周郊天建子之月而
南至云陽氣新用事順之而用辛日者以冬至一陽生故云
新用事而用辛日云此説非也者謂日以周禮郊天之月而
日至陽氣新用事此等之説非也謂董仲舒劉向而爲此説
所以非者按周禮冬至祭天圜丘不論郊也又此下云戴冕
璪十有二旒周禮祀昊天上帝則大裘而冕是服不同周禮
王路以祀天此下云乘素車是車不同也祭法云燔柴於泰
壇用騂犢周禮蒼璧禮天牲從玉色是牲不同也爾雅曰非
人爲之丘泰壇則人功所作是圜丘與泰壇别也以是知郊
與圜丘所祭非一故云此説非也云郊天之月而日至魯禮
也者言此經始郊日以至是魯國之禮必知魯禮者以明堂
云魯君孟春乘大路載弧韣旂十有二旒日月之章祀帝于
郊又雜記云正月日至可以有事於上帝故知冬至郊天魯
禮也云三王之郊一用夏正者證明天子之郊必用夏正魯
既降下天子不敢郊天與周同月故用建子之月而郊天欲
示在天子之先而有事也但魯之郊祭師説不同崔氏皇氏
用王肅之説以魯冬至郊天至建寅之月又郊以祈穀故左
傳云啓蟄而郊又云郊祀后稷以祈農事是二郊也若依鄭
康成之説則異於此也魯唯一郊不與天子郊天同月轉卜

三正故穀梁傳云魯以十二月下辛卜正月上辛若不從則以正月下辛卜二月上辛若不從則以二月下辛卜三月上辛若不從則止故聖證論馬昭引穀梁傳以荅王肅之難是魯一郊則止或用建子之月郊則此云日以至及宣三年正月郊牛之口傷是也或用建寅之月則春秋左傳云郊祀后稷以祈農事是也但春秋魯禮也無建丑之月耳若杜預不信禮記不取公羊穀梁魯唯有建寅郊天及龍見而雩云周衰禮廢儒者見周禮盡在魯者欲見經文實是魯郊而爲周字故云因推魯禮以言周事誤作周也從上說郊是周禮自此以下是魯禮爲此周禮雜亂也按聖證論王肅難鄭云郊特牲曰郊之祭迎長日之至下云周之始郊日以至玄以爲迎長日謂夏正也郊天日以至玄以爲冬至之日說其長日至於上而安爲之說又從其始郊日以至於下非其義也玄又云周衰禮廢儒者見周禮盡在魯因推魯禮以言周事若儒者愚人也則不能記斯禮也苟其不愚不得亂於周魯也鄭玄以祭法禘黃帝及嚳爲配圓丘之祀祭法說禘無圓丘之名周官圓丘不名爲禘是禘非圓丘之祭也玄既以祭法禘嚳爲圓丘又大傳王者禘其祖之所自出而玄又施之於郊祭后稷是亂禮之名實也按爾雅云禘大祭也繹又祭也皆祭宗廟之名則禘是五年大祭先祖非圓丘及郊也周立

后稷廟而嚳無廟故知周人尊嚳不若后稷之廟重而玄說
圜丘祭天祀大者仲尼當稱昔者周公禘祀嚳圜丘以配天
今無此言知禘配圜丘非也又詩思文后稷配天之頌無帝
嚳配圜丘之文知郊則圜丘圜丘則郊所在言之則謂之郊
所祭言之則謂之圜丘於郊築泰壇象圜丘之形以丘言之
本諸天地之性故祭法云燔柴於泰壇則圜丘也郊特牲云
周之始郊日以至周禮云冬至祭天於圜丘知圜丘與郊是
一也言始郊者冬至陽氣初動天之始也對啓蟄及將郊祀
故言始孔子家語云定公問孔子郊祀之事孔子對之與此
郊特牲文同皆以爲天子郊祭之事如聖證論之言王肅所
據經傳分明鄭必别爲其說者按聖證論馬昭申鄭云易緯
云二王之郊一用夏正則周天子不用日至郊也夏正月陽
氣始升日者陽氣之主日長而陽氣盛故祭其始升而迎其
盛月令天子正月迎春是也若冬至祭天陰氣始盛祭陰迎
陽豈爲理乎周禮云冬日至祭天於地上之圜丘不言郊則
非祭郊也言凡地上之丘皆可祭焉無常處故不言郊周官
之制祭天圜丘其禮王服大裘而冕乘玉路建大常明堂位
云魯君以孟春祀帝于郊服衮服乘素車龍旂衣服車旂皆
自不同何得以諸侯之郊說天子圜丘言始郊者魯以轉卜
三正以建子之月爲始故稱始也又禮記云魯君臣未嘗相

弒禮俗未嘗相變而弒三君季氏舞八佾旅於泰山婦人髽而相弔儒者此記豈非亂乎據此諸文故以郊丘爲別冬至之郊特爲魯禮按聖證論王肅與馬昭之徒或云祭天用冬至之日或云用冬至之月據周禮似用冬至之日據禮記郊日用辛則冬至不恒在辛似用冬至之月按張融謹按郊與圓丘是一又引韓詩說三王各正其郊與王肅同又魯以轉卜三正王與鄭玄同周禮圓丘服大裘此及家語服袞冕家語又云臨燔柴脫袞冕著大裘象天臨燔柴輟祭脫袞著大裘象天恭敬之義既自不同是張融以家語及此經郊祭並爲魯禮與鄭玄同融又爲圓丘是祭皇天孟春祈穀於上帝及龍見而雩此五帝之等並是皇天之佐其實天也融又云祀大神率執事而卜日圓丘既卜日則不得正用冬至之日此是張融之說鄭此注云以建子之月郊天用辛日者當齋戒自新如鄭此言是亦不用冬至日也但郊丘大事王鄭不同故略陳二家所據而言之也按聖證論及異義皆同穀梁之義魯轉卜三正之內一郊則止而崔氏皇氏以爲魯冬至郊天夏至又郊凡二郊非鄭義也○

卜郊受命于祖廟作龜于禰宮尊祖親考之義也受命謂告之退而卜〔疏〕卜郊至義也○正義曰郊事既尊不

敢專輒故先告祖後乃卜亦如受命也故禮器云魯人將有事於上帝必先有事於頖宮是也○作龜于禰宮者作灼也禰宮禰廟也先告祖受命又至禰廟卜之也○尊祖親考之義也者考亦禰也尊祖故受之命命宜由尊者出親禰故作龜作龜是事事宜就親近者也

卜之日王立于澤親聽誓命受教諫之義也

澤澤宮也所以擇賢之宮也既卜必到澤宮擇可與祭祀者因誓敕之以禮也禮器曰舉賢而置之聚衆而誓之是也○可與如字一音預○〔疏〕卜之至義也○正義曰澤澤宮也王在於澤宮中於其宮以射擇士故因呼爲澤宮也王卜已吉又至澤宮射以擇賢者爲助祭之人故云王立於澤也禮器云舉賢而置之是也然王者獵在囿而主皮射亦在澤故鄭注鄉射記引尚書傳主皮射陳於澤然後卿大夫相與射也又云嚮之取也於囿中勇力之取也今之取也於澤宮揖讓之取也澤習禮之處○親聽誓命者因以澤宮中又使有司誓敕舊章齋戒之禮王又親聽受命之故禮器云聚衆而誓之是也○受教諫之義也者釋前義也告祖作禰是受教義也又立澤聽誓是受諫義也○

獻命庫門之內戒百官也大廟之命

戒百姓也王自澤宮而還以誓命重相申勑也庫門在雉門之外入庫門則至廟門外矣大廟者祖廟也百官公卿以下也百姓王之親也入廟戒親親也王自此還齊路寢之室庫或爲廏○還音旋下同重直用反廏九又反

祭之日王皮弁以聽祭報示民嚴上也報猶白也夙興朝服以待白祭事者乃後服祭服而行事也周禮祭之日小宗伯逆粢省鑊告時于王告備于王也○鑊戶郭反

【疏】獻命至上也○正義曰王自澤宮而還至欲致齊之時有司獻王所以命百官之事王乃于庫門之內戒百官大廟之內戒百姓百官疏故在公朝重戒之百姓王之親屬故在大廟而重戒之○注百姓至之室○正義曰以上有百官之文故以百姓爲王之親也王親謂之百姓也者皇氏云姓者生也並是王之先祖所生云王自此還齊路寢之室者卜法必在祭前十日祭義云散齋七日致齋三日又云七日戒三日齋○鄭既云王自此還齋路寢之室則此經戒百官百姓則祭前三日欲致齋之時以誓命重相申勑也○祭之日王皮弁以聽祭報者○報白也郊日之朝天子早起服弁服以聽之小宗伯告日時早晚及牲事之備具也未郊故未服大裘而衣當且服日視朝之服也○示民嚴上也者結

早朝著皮弁朝服以聽祭報之義示教人尊嚴其君上之義也○注周禮至王也○正義曰引之者證小宗伯旣有告事王皮弁聽之是也

喪者不哭不敢凶服氾埽反道鄉爲田燭謂郊道之民爲之也反道剗令新土在上也田燭田首爲燭也○氾芳劒反本亦作汎埽素報反剗初產反徐又初展反令力呈反

弗命而民聽上化王嚴上

〔疏〕喪者至聽上○正義曰郊祭之日人之喪者不哭又不敢凶服而出以干王之吉祭也○氾埽反道者氾埽廣埽也反道剗路之土反之令新土在上也郊道之民家家各當界廣埽新道也○鄭氏曰鄉謂郊內六鄉也六鄉之民各於田首設燭照路恐王祭郊之早○弗命而民聽上者合結喪者不哭以下至此並非王命而民化王嚴上故也然周禮蜡氏云凡國之大祭祀令州里除不蠲禁刑者任人及凶服者以及郊野而此云不命者蜡氏所云有司常事至郊祭之時王不特命故云不命且作記之人盛美民之聽上之義未必實然也蜡氏云除不蠲及刑者任人等此不言者文不備也

祭之日王被衮以象天謂有日月星辰之象此魯禮也周禮王祀昊天上帝則服大裘而冕祀五帝亦如之

魯侯之服自袞冕而下也。被皮義反卷本又作袞同古本反注卷冕同冕亡展反字林亡辨反

戴冕璪十有二旒則天數也天之大數不過十二。戴丁代反本亦作戴璪音早過古和反乘素車貴其質也旂十有二旒龍章而設日月以象天也設日月畫於旂上素車殷路也魯公之郊用殷禮也天垂象聖人則之郊所以明天道也則謂則之以示人也

〔疏〕祭之至道也。正義曰當祭之日王被袞冕袞冕有日月星辰以象天也首戴袞冕其璪十二旒法則天數也。乘素車者乘殷之朴素之車貴其象天之質也所建之旂十有二旒畫龍爲章而設日月以象天也者旂十有二旒象天數十二也龍爲陽氣變化日月以光照下皆是象天也。聖人則之郊所以明天道也者總結上王被袞冕以下之事言天垂日月之象各有其數故聖人則之郊天象日月所以光明天之道以示於人故事事則之。注謂有至下也。正義曰此明被袞象天明堂位云日月之章故袞有日月星辰也與周不同故云此魯禮也引周禮以下者證王禮與魯禮不同云魯侯之服自袞冕而下

也者證魯侯得著袞冕故經云袞也魯公得稱王者作記之人既以魯禮而爲周郊遂以魯侯而稱王也皇氏云書用王禮故稱王或亦當然也。注天之大數不過十二。正義曰此哀七年左氏傳文。注素車至禮也。正義曰明堂位云大路殷路也乘路周路也又此上文云大路繁纓一就此云乘素車故知殷路也云魯公之郊用殷禮也者公羊傳云周公用白牡魯公用騂犅周公既用殷之白牡故知用殷禮也

帝牛不吉以爲稷牛養牲必養二也

帝牛必在滌三月稷牛唯具所以別事天神與人鬼也滌牢中所搜除處也唯具遭時又選可用也。滌范音迪徐徒嘯反別彼列反所搜本又作廋所流反處昌慮反下之處同處皆同

〔疏〕帝牛至鬼也。正義曰郊天既以后稷爲配故養牲養二以擬祭也若帝牛不吉或死傷以爲稷牛者爲猶用也爲用稷牛而爲帝牛其祭稷之牛臨時別取牛用之。帝牛必在滌三月稷牛唯具者此覆說上文帝牛不吉而取稷牛之事以帝牛既尊必須在滌三月今帝牛不吉故取稷牛已在滌三月也其祀稷之牛臨時別取故云稷牛唯具天神既尊故須在滌人鬼稍卑唯具而已是分別天神與人鬼

不同。注養牲必養二也。正義曰按春秋宣三年正月郊牛之口傷改卜牛牛死乃不郊公羊云曷爲不復卜養牲養二卜帝牲不吉則扳稷牲而卜之何休云先卜帝牲養之有災更引稷牲卜之以祭天牲養之凡當二卜爾復不吉則止不郊。注滌牢至用也。正義曰滌牢中所搜除者搜謂搜埽清除故周禮掌掌馬者謂之廋人云唯具遭時又選可用也者遭時謂帝牲遭災之時既取稷牲而用之其祀稷之牲臨時選其可者凡帝牲稷牲尋常初時皆卜取其牲繫於牢芻之三月若臨時有故乃變之也

萬物本乎天人本乎祖此所以配上帝也言俱本可以配**郊之祭也大報本反始也**

〔疏〕萬物至始也。正義曰此一經論祖配天之義人本於祖物本於天以配本故也郊之祭也大報本反始也。此一經釋所以郊祭天之義天爲物本祖爲王本祭天以祖配此。所以報謝其本反始者反其初始以財言之謂物爲本以終言之謂初爲始謝其財。謂之報歸其初謂之反大義同也皇氏云上文社稷下直云報本反始此文天神尊故加大字義或然也

〇天子大蜡八所祭有八神也。蜡八仕詐反蜡祭有八神先嗇一司嗇二農

三郵表啜四貓虎五坊六水庸七昆蟲八**伊耆氏始為蜡**伊耆氏古天子號也○耆巨夷反或云即帝堯是也**蜡也者索也**謂求索也**歲十二月合聚萬物而索饗之也**歲十二月周之正數○謂建亥之月也饗者祭其神也萬物有功加於民者神使為之也祭之以報焉造者配之也○**蜡之祭也主先嗇而祭司嗇也**先嗇若神農者司嗇后稷是也**祭百種以報嗇也**嗇所樹藝之功使盡饗之○種之勇反下之種也同

【疏】天子至嗇也○正義曰此一節論蜡祭之事各依文解之○大蜡八者即鄭注云先嗇一司嗇二農三郵表啜四貓虎五坊六水庸七昆蟲八所祭之神合聚萬物而索饗之但以此八神為主蜡云大者是天子之蜡對諸侯為大天子既有八神則諸侯之蜡未必八也謂若先嗇古之天子諸侯未必得祭也知諸侯亦有蜡者禮運云仲尼與於蜡賓是諸侯有蜡也按周禮大司樂云六變而致象物及天神鄭云有象在天所謂日月此神不數象物及日月者先嗇司嗇並是一神有益於人水庸之屬在地益其稼穡故索而祭之急其近者故也天神象物去人縣遠雖祭

不爲八神之數○注伊耆氏古天子號也○正義曰明堂云
土鼓葦籥伊耆氏之樂禮運云夫禮之初始諸飲食蕢桴而
土鼓俱稱土鼓則伊耆氏神農也以其初爲田事故爲蜡祭
以報天也下云主先嗇神農即爲始蜡豈自祭其身以爲先
嗇乎皇氏云神農伊耆一代摠號其子孫爲天子者始爲蜡
祭祭其先祖造田者故有先嗇也○注歲十至之也○正義
曰知是周十二月者下云既蜡而收民息已收謂收斂則詩
所謂十月納禾稼又月令孟冬祈來年于天宗是知蜡周建
亥之月三代皆然此經文據周故爲十二月皇氏以爲三代
各以十二月爲蜡其義非也已具於月令疏云饗者祭其神
也者解經合聚萬物而索饗之萬物非所饗但饗其萬物之
神所以饗其神者萬物所以能功加於民者神使爲之故云
祭之以報焉云造者配之也者賀瑒云謂造此蜡祭配此八
神而祭○注先嗇至是也○正義曰若神農者若是不定之
辭以神農比擬故云若司嗇后稷無所疑故不言若直云后
稷是也經言主先嗇而祭司嗇者以先嗇爲主司嗇從祭種
曰稼斂曰嗇不云稼而云嗇者取其成功收斂受嗇而祭也
○祭百種以報嗇也者○此一經爲下饗農及郵表畷起文
百種則農及郵表畷禽獸等所以
祭之者報其助嗇之功使盡饗焉

饗農及郵表畷禽

獸仁之至義之盡也農田畯也郵表畷謂田畯所以督約百姓於井間之處也詩云爲下國畷郵禽獸服不氏所教擾猛獸也○郵本亦作尤有周反字或作郵畷丁劣反又丁衞反畯音俊督約因妙反擾而沼反馴也○古之君子使之必報之迎貓爲其食田鼠也迎虎爲其食田豕也迎而祭之也迎其神也○貓字又作貓音苗爲于僞反下同祭坊與水庸事也水庸溝也○坊音房後注同疏饗農至事也○正義曰此一經摠明祭百種之事農謂古之田畯有功於民郵表畷者是田畯於井間所舍之處郵若郵亭屋宇處所表田畔畷者謂井畔相連畷於此田畔相連畷之所造此郵舍田畯處焉禽獸者即下文云貓虎之屬言禽獸者貓虎之外但有助田除害者皆悉包之下特云貓虎舉其除害甚者○仁之至義之盡也者不忘恩而報之是仁有功必報之是義也蜡祭有仁義之至盡也○注詩云至獸也正義曰所引詩者齊魯韓詩也郵謂民之郵舍言成湯施布仁政爲下國諸侯在畷民之處所使不離散今毛詩作綴旒在商頌長發之篇云禽獸服不氏所教擾猛獸也者若非猛

獸不能殺害於物以助天故也○注迎其神也○正義曰恐迎貓虎之身故云迎其神而祭之○祭坊與水庸事也者是營爲所須之事故云事也坊者所以畜水亦以鄣水庸者所以受水亦以泄水謂祭此坊與水庸之神○曰土反其宅水歸其壑昆蟲毋作草木歸其澤此蜡祝辭也若辭同則祭同處可知矣壑猶坑也昆蟲暑生寒死螟螽之屬爲害者也○壑火各反祝之六反又之又反坑苦衡反螟莫經反螽音終又作螺皮弁素服而祭素服以送終也葛帶榛杖喪殺也疏曰土至殺也○正義曰此以下皆蜡祭之祝辭土即坊也反歸也宅安也土歸其安則得不崩○水歸其壑者水即水庸壑坑坎也水歸其壑謂不汎溢昆蟲毋作者昆蟲螟螽之屬也得陰而死得陽而生故曰昆蟲毋作謂不爲災○草木歸其澤者草苔稗木榛梗之屬也當各歸生藪澤之中不得生於良田害嘉穀也蜡祭乃是報功故亦因祈禱有此辭也一云祝辭言此神由有此功故今得報非祈禱也○注此蜡至可知矣○正義曰蜡有八神恐祭處各別故言則祭同處可知也陳辭有水土昆蟲草木者以其無知故特有辭也而

先嗇之屬有知故不假辭也據此祭草木有辭則草木當有神八蜡不數之者以草木徧地皆是不如坊與水庸之屬各有指一物故不數○

蜡之祭仁之至義之盡也送終喪殺所謂老物也素服衣裳皆素○榛杖側巾反以榛木爲杖也殺所界反徐所例反注及下德之殺並同

黃衣黃冠而祭息田夫也祭謂既蜡臘先祖五祀也於是勞農以休息之論語曰黃衣狐裘○臘力合反勞力報反

【疏】蜡之至夫也○正義曰素服送終是仁恩也故云仁之至葛帶榛杖示陰氣喪殺斷割其理是義也故云義之盡也○注送終至皆素○正義曰送終喪殺所謂老物者按周禮籥章云國祭蜡則龡豳頌擊土鼓息老物以物老故素服物老將終故葛帶榛杖素服衣裳皆素者謂白素衣積素裳經直云素服以送終不云皮弁者從上省文也○注祭謂至狐裘○正義曰上云蜡此云祭故知既蜡臘先祖五祀對文蜡臘有別揔其俱名蜡也故月令孟冬祈來年于天宗大割祠于公社及門閭臘先祖五祀鄭注云此周禮所謂蜡是也公於是勞農以休息之者即經文息田夫是也勞農王制文○

野夫黃冠 黃冠草服也言祭以息民服象其時物之色季秋而草

木黄〔疏〕野夫至服也○正義曰此解上息田夫用黄衣黄冠之意田夫則野夫也野夫著黄冠黄冠是季秋之後草色之服故息田夫而服之也

○大羅氏天子之掌鳥獸者也諸侯貢屬焉草笠而至尊野服也諸侯於蜡使使者戴草笠貢鳥獸也詩云彼都人士臺笠緇撮又曰其餉伊黍其笠伊糾皆言野人之服也○笠音立使使上音史下及下使者皆色吏反撮七活反又七括反餉始尚反糾居黝反

羅氏致鹿與女而詔客詔使者使歸以告也以戒諸侯曰好田好女者亡其國此告其君所以戒之○好呼報反下好女可好皆同

天子樹瓜華不斂藏之種也華果蓏也又詔以天子樹瓜蓏而已戒諸侯以蓄藏蘊財利也○蓏力果反蓄丑六反又許六反蘊於粉反

〔疏〕大羅至種也○正義曰此一節因上蜡祭廣釋歲終○鄭云能以羅捕鳥獸者也周禮羅氏掌羅鳥鳥蜡則作羅襦鄭司農云襦細密之羅也解者云順秋冬殺物故羅氏用細

密之羅網以捕禽鳥矣然周禮不云掌獸此云獸者以其受
貢獸故也○諸侯貢屬焉者大羅氏旣以羅爲名能張羅得
鳥獸故四方諸侯有貢獻鳥獸於王者皆入屬大羅氏也○
草笠而至者草笠以草爲笠也此諸侯所使貢獻鳥獸之使
者著草笠而至王庭也○尊野服也者草笠是野人之服今
歲終功成是由野人而得故重其事而尊其服○羅氏致鹿
與女而詔客告也者詔亦告也客謂貢鳥獸之使者羅氏先
受貢畢使者臨去羅氏又以鹿及女子致與使者而宣天子
之詔於使者令使者反還其國以告戒其君故云詔客告也
○以戒諸侯曰好田好女者亡其國者此宣詔所告之言也
令使者還其國以如此告汝君曰不得好田獵及女色使國
亡也言鹿是田獵所得之物女是亡國之女而王所以獲者
也故與之鹿女明以此爲戒也一云豈每國輒與女鹿邪正
當羅氏以鹿與女示使者爾○天子樹瓜華不斂藏之種也
者瓜今之瓜華果蓏也言天子唯樹瓜與果蓏所以唯樹植
此瓜華者是供一時之食不是收斂久藏之種若其可久藏
之物則不樹之不務畜藏與民爭利令使者歸告其君亦當
如此不得畜藏與民爭利○注詩云至伊糾○正義曰彼都
人士臺笠緇撮是小雅都人士篇也毛詩箋云臺夫須都人
以臺夫須爲笠緇布爲冠云又曰其餉伊黍其笠伊糾者此

周頌良耜之篇也引此二詩者證笠是野人所著之服○注戒諸至利也○正義曰天子可畜聚斂藏之物既不種殖戒諸侯不可畜藏蘊積財利也○**八蜡以記四方**四方方有祭也**四方年不順成八蜡不通以謹民財也**其方穀不熟則不通於蜡焉使民謹於用財蜡有八者先嗇一也司嗇二也農三也郵表畷四也貓虎五也坊六也水庸七也昆蟲八也**順成之方其蜡乃通以移民也**移之言羨也詩頌豐年曰爲酒爲醴烝畀祖妣以洽百禮此其羨之與○移以豉反注同羨才箭反又辭見反烝之承反畀必利反妣必履反與音餘○**既蜡而收民息已故既蜡君子不興功**收謂收斂積聚也息民與蜡異則黃衣黃冠而祭爲臘必矣○既蜡而收絕句積聚並如字徐上音茲賜反下方樹反○【疏】八蜡至興功○正義曰此一節論天子蜡祭四方不同豐荒有異兼記臘祭宗廟息民之事各依文解之○八蜡以記四方者言蜡祭八神因以明記四方之國記其有豐稔有凶荒之異也○四方年不順成八蜡不通者謂四方之内年穀不得和順成熟則當方八蜡之神

不得與諸方通祭所以然者以謹愼民財欲使不熟之方萬民謹愼財物也。順成之方其蜡乃通者因四方之內有順成之方其蜡之八神乃與諸方通祭所以然者以蜡祭豐饒皆醉飽酒食使民歆羡也皇氏以此一節皆據諸侯之國而爲蜡祭以記其功當國不成則不爲蜡成則爲蜡義亦通也。注蜡有至八也。正義曰鄭數八神約上文也王肅分貓虎爲二無昆蟲鄭數昆蟲合貓虎者昆蟲不爲物害亦是其功貓虎俱是除田中之害不得分爲二不言與故合爲一也。注詩頌至百禮。正義曰所引詩者周頌豐年之篇烝進也畀與也言豐年多黍多稌故爲酒醴進與祖妣謂烝嘗於廟之祭也。注息民至必矣。正義曰上文雖云黃衣黃冠而祭不云臘之與蜡似爲一此文云旣蜡而收民息已先蜡後息民是息民爲臘與蜡異也前黃衣黃冠在蜡祭之下故知是臘也是以云爲臘必矣故月令臘在祈天宗之下但不知臘與蜡祭相去幾日唯隋禮及今禮皆蜡之後日經云旣蜡不與功者謂不與農功若其土功則左氏傳云龍見而畢務戒事也火見而致用水昏正而栽。日至而畢土功建亥之月起日至而畢也。

恒豆之菹水草之和氣也其醢陸產之物也加豆陸產也

其醢水物也此謂諸侯也天子朝事之豆有昌本麋臡茆菹麕臡饋食之豆有葵菹蠃醢豚拍魚醢其餘則有雜錯云也。菹爭居反醢音海麋音眉臡字又作臡乃兮反字林作腝人兮反茆音卯又力首反麕九倫反蠃力戈反拍音博

籩豆之薦水土之品也不敢用常褻味而貴多品所以交於神明之義也非食味之道也言禮以異爲敬。褻即見反又作薦同或作薦非。

先王之薦可食也而不可耆也卷冕路車可陳也而不可好也武壯而不可樂也宗廟之威而不可安也宗廟之器可用也而不可便其利也所以交於神明者不可以同於所安樂之義也武萬舞也。耆市志反路本亦作輅音同樂皇音洛下同徐五孝反便婢面反徐比綿反

酒醴之美玄酒

明水之尚貴五味之本也黼黻文繡之美疏
布之尚反女功之始也莞簟之安而蒲越槀
鞂之尚明之也大羹不和貴其質也大圭不
琢美其質也丹漆雕幾之美素車之乘尊其
樸也貴其質而已矣所以交於神明者不可
同於所安褻之甚也如是而后宜尚質貴本其至如是乃得交於
神明之宜也明水司烜以陰鑑所取於月之水也蒲越槀鞂
藉神席也明之者神明之也琢當爲篆字之誤也幾謂漆飾
沂鄂也。莞音官徐音丸簟六點反越音活注同槀又作藁
古老反鞂簡八反徐古八反和胡臥反琢依注爲丈轉反雕
多調反又作彫幾巨依反注同乘時證反樸普角反
烜音毁鑑古暫反藉字夜反沂魚斤反鄂五各反。鼎俎
奇而籩豆偶陰陽之義也牲陽也庶物陰也。奇居宜反黃目

鬱氣之上尊也黃者中也目者氣之清明者也言酌於中而清明於外也

黃目黃彝也周所重於諸侯爲上也

祭天掃地而祭焉於其質而已矣醯醢之美而煎鹽之尚貴天產也割刀之用而鸞刀之貴貴其義也聲和而后斷也

【疏】恒豆至斷也○正義曰此一節摠明祭祀籩豆酒醴莞簟尊彝醯醢鸞刀之屬明其尚質所用之宜自恒豆之菹至之道也偏明諸侯祭祀之禮○恒豆之菹者謂朝事恒常所薦之豆所盛之菹是水草和羹之氣若昌本茆菹是也其所盛之醢陸地所產之物也○加豆陸產也者謂祭末酳尸之後其菹陸地產生之物而爲之若葵菹豚拍之屬是也○其醢水物也者加豆所盛之醢用水中之物若蠃醢魚醢是也○籩豆之薦水土之品也者其籩豆所薦之物或水或土所生品類也前文唯云豆此連言籩者籩是配豆之物所盛亦有水土所生也而周禮籩人云天子朝事之籩其實有麷蕡白黑則土所生也鮑魚則水物也但籩之所盛

陸產甚多也○不敢用常褻味而貴多品者言所薦之物不敢用常褻美味貴其多有品類言物多而味不美也○所以交於神明之義也非食味之道也者解所以物多不美之意所以交接神明之義取恭敬質素非如人事飲食美味之道也○注此謂至云也○正義曰知此謂諸侯者以其與周禮天子豆物不同故知是諸侯也按醢人加豆謂尸食訖酳尸所加之豆則此恒豆者謂朝事及饋食俱爲恒豆也諸侯以菹悉用水物醢悉用陸產與天子不同故引天子朝事之豆以下不同之事以明之天子朝事之豆有昌本麋臡茆菹麇臡與此經同其菁菹麛臡其菁菹非水物與此經異也天子饋食之豆有葵菹蠃醢豚拍魚醢與諸侯加豆不同其天子加豆有芹菹兔醢深蒲醓醢菭菹鴈醢筍菹魚醢芹菹與深蒲及菭菹等非陸產也鹿與醢醢非水物也與此經異也又天子饋食有蠯蚳醢蠯爲水物亦與此經不同故鄭總云其餘則有雜錯是天子與諸侯異也○先王至義也○此以下揔明祭祀之物不可同於尋常安樂之義○而不可嗜者祭祀薦羞質而無味不可歆嗜○而不可好也者袞冕路車尊嚴不可尋常乘服以爲榮好也○武壯而不可樂也者武是萬舞大武也以示壯勇之容不可常爲娛樂○宗廟之威而不可安也者言宗廟尊嚴肅敬不可寢處其中以自安也○而

不可便其利也者宗廟之器供事神明之道不可迴便以爲私利也○所以交於神明者不可以同於所安樂之義也是揔結上文○酒醴至后宜○此明祭祀所用之物不尚繁華皆取尚質貴本玄酒明水之尚者玄酒謂水也明水謂取於月中水也陳列酒尊之時明水在五齊之上玄酒在三酒之上是玄酒明水之尚謂尊尚其古故設尊在前也○疏布之尚者冪人云疏布冪八尊禮器云犧尊疏布鼏是也○蒲越槀鞂之尚者凡常而居下莞上簟祭天則蒲越藁鞂之上也○明之也者釋所以祭天用蒲越槀鞂之意是神明矣此祭天不敢用褻美味故用質也○丹漆雕幾之美素車之乘尊其樸也者雕謂刻鏤幾謂沂鄂言尋常車以丹漆雕飾之以爲沂鄂而祭天以素車之乘者尊其樸素○貴其質而已矣者此一句包上酒醴以下諸事言祭祀之時不重華飾唯質素而已故用玄水疏布槀鞂之屬○所以交於神明者不可同於所安褻之甚也者解所以諸事貴質者以其交接神明不可同於尋常身所安褻之甚極也者若其安褻之不甚者亦得同之○如是而后宜者言尚質尚儉如是而后得交神明之義也○注尚質至鄂也○正義曰尚質則大羹不和大圭不琢素車之乘是也貴本則玄酒明水之尚及疏布之尚是也云明水司烜以陰鑑所取於月之水也者周禮秋官司

烜氏文也云蒲越稾鞂藉神席也者今禮及隋禮稾鞂爲祭
天席蒲越爲配帝席俱藉神也云幾謂漆飾沂鄂也者幾與
幾字相涉幾是幾限之所故以幾爲沂鄂也○注牲陽也庶
物陰也○正義曰按宗伯云以天產作陽德注云天產者動
物謂六牲之屬也動物故爲陽也庶物陰也者庶物雖出於
牲體雜以植物相和非復牲之全體故爲陰也然聘禮陳醯
醢醯在碑東醢在碑西鄭云醯穀陽也醢肉陰也與此不同
者醯是穀物所爲其體清輕故爲陽也醢是肉物所爲肉有
形質故爲陰也文各有所對故不同也○黃目至外也○黃
目黃彝也以黃金鏤其外以爲目因取名也因將貯鬱鬯酒
故云鬱氣也祭祀時列之最在諸尊之上故云上也故鄭注
司尊彝云黃目以黃金爲目是也○黃者中也目者氣之清
明者也解用黃目之義也黃是中方色目是氣之清明者也
○言酌於中而清明於外也者又解必用中及清明義也言
酒清明在尊中而可斟酌示人君慮於祭事必斟酌盡於中
也目在尊外而有清明示人君行祭必外盡清明絜淨也○
注黃目至上也○正義曰按明堂位云夏后氏以雞彝殷以
以斝周以黃目是周所造也天子則黃彝之上有雞彝鳥彝
備前代之器諸侯但有黃彝故云於諸侯爲上也○祭天至
斷也○此所論亦尚質及貴天產及聲和之義○貴天產也

者餘物皆人功和合爲之鹽則天產自然故云貴天產也言煎者煎此自然之鹽鍊治之也言煎鹽之尚者皇氏云設之於醯醢之上故云尚熊氏云煎鹽祭天所用故云尚義俱通也○貴其義也者言割刀之用必用鸞刀貴其聲和之義○聲和而后斷也者必用鸞刀取其鸞鈴之聲宮商調和而後斷割其肉也○**冠義始冠之緇布之冠也**始冠三加先加緇布冠也○醯呼兮反本又作醓同斷丁亂反冠義古亂反下文注始冠冠而敝之而冠冠於阼冠而字之冠禮士禮冠皆同**大古冠布齊則緇之其緌也孔子曰吾未之聞也**太古無飾非時人緌也雜記曰大白緇布之冠不緌大白即太古白布冠今喪冠也齊則緇之者鬼神尚幽闇也唐虞以上曰太古也○齊側皆反緌耳隹反上時掌反後以上皆同○**冠而敝之可也**此重古而冠之耳三代改制齊冠不復用也以白布冠質以爲喪冠也○敝本亦作弊婢世反徐又房列反弃也復扶又反○**適子冠於阼以著代也**東序少北近主位也○適丁歷反近附近之近**醮於客位加有成也**每加而有成人

之道也成人則益尊醮於客位尊之也。醮子妙反三加彌尊喻其志也始加緇布
冠次皮弁次爵弁冠益尊則志益大也。冠而字之敬其名也重以未成人之時呼
之。委貌周道也章甫殷道也毋追夏后氏之
道也常所服以行道之冠也或謂委貌爲玄冠也。毋追上音牟下多雷反。周弁殷冔
夏收齊所服而祭也。冔況甫反字林作䍦火于反三王共皮弁素積所不
易於先代無大夫冠禮而有其昏禮。古者五十而
后爵何大夫冠禮之有言年五十乃爵爲大夫也其有昏禮或改取也諸
侯之有冠禮夏之末造也言夏初以上諸侯雖有幼而即位者猶以士禮
冠之亦五十乃爵命也至其衰末未成人者多見簒弒乃更即位則爵命之以正君臣而有諸侯之冠禮。簒初患反弒
音試天子之元子士也天下無生而貴者也儲君

副主猶云士也明人有賢行著德乃得貴也。行下孟反下德行同繼世以立諸侯象賢也賢者子孫恒能法其先父德行以官爵人德之殺也言德益厚官益尊也死而謚今也古者生無爵死無謚古謂殷以前也大夫以上乃謂之爵死有謚也周制爵及命士雖及之猶不謚耳今記時死則謚之非禮也。禮之所尊尊其義也言禮所以尊尊其有義也失其義陳其數祝史之事也故其數可陳也其義難知也知其義而敬守之天子之所以治天下也言政之要盡於禮之義。

【疏】冠義至下也。正義曰此一節總明尊卑加冠因明官爵及禮義之意各依文解之。冠義者一節總論初冠之義以儀禮有士冠禮正篇此說其義故云冠義如下篇有燕義昏義與此同皇氏云冠義稱明用緇布重古之義其說非也。始冠緇布之冠也者謂人之加冠必三加初始所加之冠緇布之冠也大古冠布齊則緇之者此釋有緇布冠之由大古之時其冠唯用白布常所冠也若其齊戒則染之爲緇今始冠重古古先冠之也○其緌也孔子曰吾未之聞也者以緇布之冠古禮不合有緌而後世加緌故記者云今世加緌非禮故引孔子之言云我未之聞也言未聞緇布冠有緌之事○冠而敝之可也者言緇布之冠初加暫用冠之罷冠則敝棄之可也以其古之齊冠後世不復用也○注始冠至冠也正義曰鄭云此者解經始冠之義始冠者謂三加之時以緇布冠爲始故云先加緇布冠先加即始也○注大古至古也正義曰大古無飾緇布冠無緌也云雜記曰大白緇布之冠不緌者孔子云吾未之聞是非駁時人加緌也引雜記文者證緇布冠無緌而玉藻云緇布冠續緌則緇布冠有緌者皇氏云此經所論謂大夫士故緇布冠無緌諸侯則位尊盡飾故有緌也云大白即大古白布冠今喪冠也禮運云後世有絲麻雖絲麻同出尚質故用白布也云齊則緇之者鬼神尚幽闇也者謂祭前齊時著緇布冠正祭則著祭服有虞氏皇而祭是也云唐虞以上曰大古也者以下云三王共皮弁素積三王之前云大古故云唐虞以上曰大古與易之大古別也○注三代改制齊冠不復用也○正義曰唐虞既用之爲齊冠三代改唐虞之制齊冠不復用之以委貌章甫牟追三代去緇布冠其唐虞白布冠三代用之爲喪冠緇布冠既棄

而不用所以詩彼都人士臺笠緇撮注云緇撮緇布冠者彼
謂儉且質故著古冠耳○注東序至位也○正義曰按士冠
禮冠者在主人之少北是近主位也其庶子則冠於房戶外
南面○注醮於至之也○正義曰客位謂戶牖之間南面此
謂適子也若夏殷醮用酒冠一加則一醮於客位周則用醴
三加畢乃一醴於客位其庶子則皆醮於房戶外○三加彌
尊喻其志也○言三加者初加緇布冠次加皮弁是益尊至
三加爵弁是彌尊所以尊者曉喻其冠者之志意令其志意
益大初加緇布冠欲其尚質重古次加皮弁欲其行三王之
德後加爵弁欲其行敬事神明是志益大也○注始加緇布
冠次皮弁次爵弁○正義曰此皆約士冠禮文按士冠禮三
加者謂冠時三徧加冠也至冠日賓至而主人設冠身之席
于阼階上近主人之北又設笄纚櫛具于席南冠身立于東
房賓揖冠身出就位佐冠爲冠身梳頭著纚畢賓洗手爲正
髻正髻畢往西階至第一等受取緇布冠還至冠席前跪爲
冠身著冠○畢冠身起入東房著玄端玄裳士子皆隨其父朝
夕之服朝用玄衣素裳夕用上士玄裳中士黃裳下士雜裳
雜裳前黃後玄若大夫以上至天子當同上士玄裳也畢又
揖冠身出就位就位畢賓又下西階至第二等受皮弁冠還
爲冠身著冠然後又著爵弁其儀皆如緇布冠也○注重以

至呼之○正義曰賀氏云重難也難未成人之時呼其名故以字代之按冠禮冠身既冠見母畢立于西階東南面賓東面字之曰伯某甫是也○委貌至素積○此下三代恒所服行道之冠然三代乃俱用緇布而其形自殊周爲委貌之形殷則爲章甫之形夏則爲毋追之形故云委貌周道也鄭注士冠禮委安也言所以安正容貌章明也殷質言所以表明丈夫毋發聲追猶推也夏后氏質以其形名之○周弁殷哻夏收者鄭注冠禮記云弁名出於槃槃大也言所以自光大哻名出於幠幠覆也言所以自覆飾也收言所以收斂髮也其制之異亦未聞○三王共皮弁素積者以其質素故三王同服無所改易也○注常所至冠也○正義曰行道謂養老燕飲燕居之服若視朝行道則皮弁也此云委貌而儀禮記稱玄冠故云或謂委貌爲玄冠○注齊所服而祭也○正義言齊及祭時所服也若三命以下齊祭同冠四命以上齊祭則異冠委貌一條論三加始加之冠周弁一條論第三所加之冠皮弁一條論第二所加之冠在後言皮弁者以其三王共同故在後言之○無大至之有○前所明悉士禮故無大夫冠禮也所以然者二十而冠五十爵爲大夫故無大夫冠禮也然四十強而仕亦應無士冠禮而云士有冠禮者士是有識之目故立禮悉用士爲正所以五等並依士禮冠子也

若試爲大夫者亦用士禮故鄭注冠禮記云周之初禮年未五十而有賢才者試以大夫之事猶服士服行士禮○而有其昏禮者言有大夫昏禮也然禮三十而昏五十乃爲大夫亦應無大夫昏禮而云有者是改取也○古者五十而后爵何大夫冠禮之有者記者覆解無大夫冠禮所由也○注言夏至冠禮○正義曰諸侯雖有幼而即位者猶以士禮冠之知用士禮者以儀禮冠禮是士之正禮於冠禮之末云公侯之有冠禮夏之末造也者明夏初以前諸侯未有冠禮與士冠同其夏末以來諸侯有冠禮與士禮異故大戴禮有公冠篇加玄冕爲四加也皇氏云諸侯亦三加與大戴禮違其義非也此經直明諸侯不云天子又下云天子之元子猶與士同則天子與士異也然則天子冠禮其來已久但無文以言之玉藻云玄冠朱組纓天子之冠也鄭注云始冠之冠也是天子別有冠禮○注儲君至貴也○正義曰此文繫冠禮之下皇氏云天子元子唯冠同於士其餘則與士不同也故喪服諸侯之兄弟得行大夫之禮也○繼世以立諸侯象賢也者○此釋夏末以來有諸侯冠禮之意也○以官爵人德之殺也者○此明所以無大夫冠義也言官爵之授隨德隆殺也大夫以上雖以德授爵猶無冠禮兼明士又德薄而無爵也○死而至無謚○此一經明士禮此是士冠禮記之文也

以士爲主故此論士死而加謚是爲記之時加謚故云今也○古者生無爵死無謚者古謂殷以前士生時無爵謂爵不及也死時無謚謂不制謚也○注周制至謚耳○正義曰按典命云小國之君其卿三命其大夫再命其士一命士既有命命即爵也故知爵及命士猶不謚者檀弓云士之有誄自此始也既從縣賁父卜國爲始明以前無誄也無誄即無謚也○禮之至下也○此經所論因上論冠義下論昏義故記人因上起下於中說重禮之義也禮之所尊尊其義也者言禮之所以可尊重者尊其有義理也○失其義陳其數祝史之事也者若不解禮之義理是失其義惟知布列籩豆是陳其數其事輕故云祝史之事也○故其數可陳其義難知也者謂籩豆事物之數可布陳以其淺易故也其禮之義理難以委知以其深遠故也○知其義而敬守之天子所以治天下也者言聖人能知其義理而恭敬守之是天子所以治天下也

天地合而后萬物興焉目禮之義夫昏禮萬世之始也取於異姓所以附遠厚別也同姓或取多相褻也○取音娶本又作娶遠皇于萬反別兵列反下及注皆同幣必誠辭無不腆誠信也腆猶善

也○膴大典反告之以直信直猶正也此二者所以教婦正直信也信事人

也信婦德也事猶立也○信事側吏反又如字注同壹與之齊終身

不改故夫死不嫁齊謂共牢而食同尊卑也齊或爲醮男子親迎男

先於女剛柔之義也天先乎地君先乎臣其

義一也先謂倡道也○迎魚敬反先悉見反下及注同倡昌亮反道音導○執摯以相

見敬章別也言不敢相褻也摯所奠鴈也○贄音至本亦作摯○男女有別

然後父子親父子親然後義生義生然後禮

作禮作然後萬物安言人倫有別則氣性醇也無別無義禽

獸之道也言聚麀之亂類也○麀音憂○壻親御授綏親之也

親之也者親之也言已親之所以使之親已敬而親之先王之

所以得天下也先王若太王文王○出乎大門而先男帥女女從男夫婦之義由此始也先者車居前也○出乎大門而先如字絕句又悉遍反○婦人從人者也幼從父兄嫁從夫夫死從子從謂順其教令夫也者夫也夫也者以知帥人者也夫之言丈夫也夫或爲傳○知音智玄冕齊戒鬼神陰陽也將以爲社稷主爲先祖後而可以不致敬乎玄冕祭服也陰陽謂夫婦也共牢而食同尊卑也故婦人無爵從夫之爵坐以夫之齒爵謂夫命爲大夫則妻爲命婦器用陶匏尚禮然也此謂大古之禮器也三王作牢用陶匏言大古無共牢之禮三王之世作之而用太古之器重夫婦之始也厥明婦盥饋舅姑卒食

婦餕餘私之也私之猶言恩也○盥音管饋其位反一本無婦盥饋三字餕音俊○舅姑降自西階婦降自阼階授之室也明當爲家事之主也

昏禮不用樂幽陰之義也樂陽氣也幽深也欲使婦深思其義不以陽散之也

昏禮不賀人之序也序猶代也

疏天地至序也○正義曰此一節論聖人重昏禮之事各依文解之○天地合而后萬物興焉者言天氣下降地氣上騰天地合配則萬物生焉若夫婦合配則子肖生焉此與下昏禮爲目故鄭云目禮之義也皇氏云禮之所尊尊其義也以下結上爵德之事其義非也○所以附遠厚別也者取異姓者所以依附相疏遠之道厚重分別之義不欲相褻故不取同姓也○幣必至德也幣必誠者誠謂誠信幣帛必須誠信使可裁制勿令虛濫○辭無不腆者腆善也謂之傳辭無自謙退云幣不善不詐飾也告之以直信者所以幣必信辭必直欲告戒婦人以正直誠信也○信事人也者事立也言婦人立身之道非信不立信婦德也者言貞信是婦人之德○注此二至信也○正義曰二者謂辭也幣也辭不虛飾是正也幣不濫惡是信也故

昏禮記云辭無不腆皮帛必可制鄭注云賓不稱幣不善此二者正也信也下唯云信事人信婦德不云正者正是信之小別信則兼之○執摯以相見敬章別也者摯鴈也章明也壻親迎入門而先奠鴈然後乃與婦相見是先行敬以明夫婦禮有分別不妄交親○壻親至之也○按昏禮婦降自西階壻親御婦車授綏是壻親御授綏也○○親之也者謂壻御婦車授綏欲親愛於婦也故云親之也○言壻所以親其婦者欲令婦之親已也故云親之也者親之也○玄冕至敬乎玄冕齊戒廣陳敬事也玄冕謂助祭服也五冕通玄故合爲玄冕也今用助祭之服以親迎也齊戒者齊戒自整勑也○爲鬼神陰陽也者陰陽謂夫婦也著祭服而齊戒親迎是敬此夫婦之道如事鬼神故云鬼神陰陽也將以爲社稷主爲先祖後而可以不致敬乎者釋所爲者重故宜用敬所以冕而親迎也妻爲內主故有國者是爲社稷內主也始此嗣廣後世故云先祖後也明如此之重可以不致敬乎言宜敬也○注玄冕祭服也○正義曰按昏禮士昏用上服以爵弁爵弁是士服之上者則天子以下皆用上服以五冕色俱玄故摠稱玄冕也器用陶匏尚禮然也者謂共牢之時俎以外其器但用陶匏而已此乃貴尚古之禮自然也陶是無飾之物匏非人功所爲皆是天質而自然也○厥明至序也○厥其也

其明謂共牢之明日也舅姑卒食謂明日婦見舅姑訖婦乃盥饋特豚舅姑食特豚之禮竟也食餘曰餕婦餕餘謂舅姑食竟以餘食與之也而禮本亦有云厥明婦盥饋者也○私之也者解婦餕餘義也私猶恩也所以食竟以餘食賜婦者此示舅姑相恩私之義也○舅姑降自西階婦降自阼階授之室也者謂適婦也婦見餕餘之禮畢舅姑從賓階而下婦從主階而降是示授室與婦之義也按昏禮既昏之後夙興贄見婦于舅姑席于阼舅即席席于房外南面姑即席婦執笲棗栗奠于舅席又執腶脩奠于姑席訖贊者醴婦席于戶牖間贊者酌醴以醴婦薦脯醢婦受醴畢取脯醢降出授人于門外舅姑入于室共席于奧婦盥饋特豚無魚腊無稷卒食一酳席于北墉下婦徹設於席前婦即席餕姑之餘卒食姑酳之此士禮也其大夫以上牲牢則異也○昏禮不用樂幽陰之義也樂陽氣也昏禮所以不用樂者幽深也欲使其婦深思陰靜之義以脩婦道樂陽氣也者陽是動散若其用樂則令婦人志意動散故不用樂也○有虞

氏之祭也尚用氣血腥爓祭用氣也尚謂先薦之爓或爲腊○腊直輒反○殷人尚聲臭味未成滌蕩其聲樂三

闋然後出迎牲聲音之號所以詔告於天地之間也滌蕩猶搖動也○滌音狄徐又同弔反三如字徐息暫反周人尚臭灌用鬯臭鬱合鬯臭陰達於淵泉灌以圭璋用玉氣也既灌然後迎牲致陰氣也蕭合黍稷臭陽達於牆屋故既奠然後焫蕭合羶薌灌謂以圭瓚酌鬯始獻神也已乃迎牲於庭殺之天子諸侯之禮也奠謂薦孰時也特牲饋食所云祝酌奠于鉶南是也蕭薌蒿也染以脂合黍稷燒之詩云取蕭祭脂羶當爲馨聲之誤也奠或爲薦○灌用鬯臭絕句庾以鬯字絕句鬱字又作鬰同合鬯絕句焫蕭如悅反下音籥合如字徐音閤羶依注同馨許經反薌音香瓚在旦反鉶音刑蒿呼毛反染如琰反羶當失然反凡祭慎諸此魂氣歸于天形魄歸于地故祭求諸陰陽之義也殷人先求諸陽周人先

求諸陰此其所以先後異也詔祝於室坐尸於堂謂朝事時也朝事延尸于戶戶西南面布主席東面取牲膟膋燎于爐炭先肝于鬱鬯而燔之入以詔神於室又出以墮于主主人親制其肝所謂制祭也時尸薦以籩豆至薦孰乃更延主于室之奧尸來升席自北方坐于主北焉○祝之六反下及注並同又之又反膟音律膋力彫反燎力妙反又力弔反下文同壚音盧墮許恚反或許垂反奧烏報反用牲於庭謂殺之時升首於室制祭之後升牲首於北墉下尊首尚氣也○墉音容直祭祝于主謂薦孰時也如特牲少牢饋食之爲也直正也祭以孰爲正則血腥之屬盡敬心耳索祭祝于祊索求神也廟門曰祊謂之祊者以於繹祭名也不知神之所在於彼乎於此乎室與堂與○室與堂與並音餘下遠者與同本作室與堂也與則如字讀或諸遠人乎祭于祊尚曰求諸遠者與尚庶幾也○遠人徐于萬反○祊之爲言倞也倞猶索也倞或爲諒○倞音諒肵之爲言敬

也爲尸有所俎此訓也○所音祈爲尸于僞反富也者福也人君嘏辭有富此訓之也或曰福也者備也○嘏古雅反首也者直也訓所以升首祭也直或爲犆也○犆徒得反○相饗之也相謂詔侑也詔侑尸者欲使饗此饌也特牲饋食禮曰主人拜妥尸尸荅拜執奠祝饗○相息亮反注及下之相并注同侑音又妥他果反○嘏長也大也主人受祭福曰嘏此訓也○長直良反徐知兩反○尸陳也尸或詁爲主此尸神象當從主訓之言陳非也○詁音古毛血告幽全之物也幽謂血也告幽全之物者貴純之道也純謂中外皆善血祭盛氣也祭肺肝心貴氣主也氣主氣之所舍也周祭肺殷祭肝夏祭心祭黍稷加肺祭齊加明水報陰也祭黍稷加肺謂綏祭也明水司烜所取於月之水也齊五齊也五齊加明水則三酒加玄酒也○齊才細反注及下涚齊并注同綏許恚反取膟膋燔燎升首報陽也膟膋腸間脂也與蕭合燒

之亦有黍稷也明水涚齊貴新也涚猶清也五齊濁泲之使清謂之涚齊及取明水皆貴新也周禮㡛氏以涚水漚絲涚齊或爲汎齊○說齊始鋭反字又作涚泲子禮反下同㡛莫剛反漚烏豆反汎本又作泛同凡涚新之也新之者敬也其謂之明水也由主人之絜著此水也著猶成也言主人齊絜此水乃成可得也○齊側皆反篇末文注同君再拜稽首肉袒親割敬之至也敬之至也服也拜服也稽首服之甚也肉袒服之盡也割解牲體祭稱孝孫孝子以其義稱也謂事祖禰稱曾孫某謂國家也謂諸侯事五廟也於曾祖以上稱曾孫而已祭祀之相主人自致其敬盡其嘉而無與讓也相謂詔侑尸也嘉善也腥肆爓腍祭豈知神之所饗也主人自盡其敬

而已矣治肉曰肆腍熟也爛或爲腝○肆勑歷反注同腍而審反腝直輒反舉斝角詔

妥尸古者尸無事則立有事而后坐也尸神

象也祝將命也妥安坐也尸始入舉奠斝若奠角將祭之祝則詔主人拜妥尸使之坐尸即至

尊之坐或時不自安則以拜安之也天子奠斝

諸侯奠角古謂夏時也○斝古雅反坐才臥反縮酌用

茅明酌也謂泲醴齊以明酌也周禮曰醴齊縮酌五齊醴尢濁和之以明酌泲之以茅縮去滓也明

酌者事酒之上也名曰明者事酒今之醳酒皆新成也春秋

傳曰爾貢包茅不入王祭不共泲以酌酒酌猶斟也酒已泲

則斟之以實尊彝昏禮曰酌玄酒三注于尊凡行酒亦爲酌

也○縮所六反注同齊才細反下皆同去起吕反醳音亦共

音恭斟章金反彝音夷注之樹反醆酒涚于清謂泲醆酒以清酒也醆酒盎齊盎齊差清和之

以清酒泲之而已泲盎齊必和以清酒者皆久味

相得○醆側産反盎烏浪反差初賣反又初佳反汁獻涚

于醆酒謂泲秬鬯以醆酒也獻讀當爲莎齊語聲之誤也秬鬯者中有煑鬱和以盎齊摩莎泲之出其香汁

因謂之汁莎不以三酒沛秬鬯者秬鬯尊也○汁之十反獻依注爲莎素何反下注同

猶明清與醆酒于舊澤之酒也 猶若也澤讀爲醳舊醳之酒謂昔酒也沛醴齊以明酌沛醆酒以清酒沛汁獻以醆酒天子諸侯之禮也天子諸侯禮廢時人或聞此而不審知云若今明酌清酒與醆酒以舊醳之酒沛之矣就其所知以曉之也沛清酒以舊醳之酒者爲其味厚腊毒也○澤依注讀爲醳音亦徐詩石反爲其于僞反腊毒上音昔隱義云腊久也久酒有毒

祭有祈焉 祈猶求也謂祈福祥求永貞也 有報焉 謂若穫禾報社 有由辟焉 由用也辟讀爲弭謂弭災兵遠罪疾也○辟依注作弭亡婢反遠于萬反

齊之玄也以陰幽思也故君子三日齊必見其所祭者 齊三日者思其居處思其笑語思其志意思其所樂則見之也

〔疏〕有虞至祭者○正義曰此一節總論祭祀之事各依文解之○有虞氏之祭也尚用氣者尚謂貴尚其祭祀之時先薦用氣物也○血腥爓祭用氣也者此解用氣之意血謂祭初以血詔神於室腥謂朝踐薦腥肉於堂爓謂沈肉於湯次腥亦薦於堂祭義云

爓祭祭腥而退是也今於堂以血腥爓三者而祭是用氣也以其並未熟故云用氣也○注尚謂先薦之○正義云言先薦者對合亨饋熟爲先也此虞氏尚氣殷人尚聲周人尚臭皆謂四時常祭也若其大祭祫周人仍先用樂也故大司樂云若樂九變則人鬼可得而禮矣鄭云先奏六樂以致其神而後祼焉推此言之虞氏大祭亦先作樂也故鄭注大司樂引虞書云戛擊鳴球搏拊琴瑟以詠祖考來格簫韶九成鳳凰來儀此宗廟九奏之效此虞氏大祭與周同樂九奏夏殷大祭雖無文或當與周同熊氏以爲殷人先求諸陽謂合樂在灌前周人先求諸陰謂合樂在灌後與降神之樂別熊氏又云凡大祭並有三始祭天以樂爲致神始以煙爲歆神始以血爲陳饌始祭地以樂爲致神始以腥爲歆神始以血爲陳饌始祭宗廟亦以樂爲致神始以灌爲歆神始以腥爲陳饌始義或然也按禮宗廟之祭先薦血後薦腥熊云宗廟腥爲陳饌始於義未安也熊氏又云社稷以下之祭皆有三始於義非也○殷人至間也○殷人尚聲者帝王革異殷不尚氣而尚聲謂先奏樂也不言夏或從虞也○臭味未成滌蕩其聲者臭味未成謂未殺牲也滌蕩猶摇動也殷尚聲故未殺牲而先摇動樂聲以求神也樂三闋然後出迎牲者闋止也奏樂三徧止乃迎牲入殺之○聲音之號所以詔告於天

地之間也者解所以先奏樂之義言天地之間虛豁亦陽也言鬼神在天地之間聲是陽故用樂之音聲號呼告於天地之間庶神明聞之而來是先求陽之義也○周人至羶薌○周人尚臭者周禮變於殷故先求陰尚臭也○灌用鬯臭者臭謂鬯氣也未殺牲先酌鬯酒灌地以求神是尚臭也○鬱合鬯者鬱鬱金草也鬯謂鬯酒煑鬱金草和之其氣芬芳調鬯也又以擣鬱汁和合鬯酒使香氣滋甚故云鬱合鬯也鄭注鬱人云鬱鬱金香草宜以和鬯盧云言取草芬芳香者與秬黍鬱合釀之成必爲鬯也馬氏說鬱草名如鬱金香草○合爲鬯也庾氏讀句則云臭鬱合鬯○臭陰達於淵泉者用鬱鬯灌地是用臭氣求陰達於淵泉也○灌以圭璋用玉氣也者王肅云以圭璋爲瓚之柄也瓚所以㪺鬯也玉氣絜○潤灌用玉瓚亦求神之宜也玉氣亦是尚臭也周言用玉則殷不用圭瓚○既灌然後迎牲者先求神後迎牲也○致陰氣也者解所以先灌是先求陰也先致氣於陰故云致陰氣也蕭合黍稷者周人後求陽也取蕭草及牲脂膋合黍稷燒之也此謂饋食時也○臭陽達於牆屋者謂以蕭合黍稷之臭氣求陽達於牆屋也○故既奠然後焫蕭合羶薌者明上焫蕭之時節也既奠謂薦熟時也堂上事尸竟延尸戶內更從此始也於薦熟時祝先酌酒奠於鉶羹之南訖尸未入於是又取

香蒿染以腸間脂合黍稷燒之於宮中此又求諸陽之義也馨香謂黍稷○注天子至燒之○正義曰知此經所云天子諸侯禮者以儀禮少牢特牲是大夫士之禮無臭鬱灌鬯之事故也云薦謂薦孰時也特牲饋食禮所云祝酌奠于鉶南是也者尸未入之前當饋孰之始饋孰有黍稷此云蕭合黍稷旣奠然後焫蕭故知當饋孰之時也云染以脂合黍稷燒之者此云蕭合黍稷是蕭與黍稷合詩云取蕭祭脂是蕭與脂合也故知有蕭及脂黍稷合馨香也○詔祝至於堂○詔祝於室謂朝事時也詔告也祝祝呪也天子諸侯朝事之時坐尸於堂戶西南面坐主在西方東面尸主之前則薦用籩豆也祝乃取牲膟膋燎於爐炭入告神於室又出墮於主當此時王乃親洗肝於鬱鬯而燔之以制於主前今云詔祝於室是燎於爐炭入告於室也○坐尸於堂者旣灌鬯之後尸出堂坐戶西而南面也○注謂朝至北焉○正義曰謂朝事時者以下云用牲於庭升首於室此云詔祝於室當殺牲之初故知當朝事時也云朝事延尸于戶西南面布主席東面取牲膟膋燎於爐炭洗肝于鬱鬯而燔之者此等並於堂上而燔燎之故始云入以詔神明以前在堂也云入以詔神於室又出以墮於主前者墮謂墮祭也謂分減肝膋以祭主前也云主人親制其肝所謂制祭也者制割也謂割其肝而不相

離按禮器云君親制祭夫人薦盎此云詔祝於室下云用牲於庭故知制祭當此節也云時尸薦以籩豆者卽是朝事籩豆也云至薦熟乃更延主于室之奥者約少牢特牲饋食在奥室也云尸來升席自北方坐于主北焉者以在奥東面以南爲尊主尊故在南主既居南故尸來升席自北方也尸主各席故朝事延尸於戶外尸南面主席于東面是也鄭之此注雖參禮記及少牢特牲而言之亦約漢時祭宗廟之禮言也故其事委曲也○注制祭至氣也○正義曰知在制祭後者熊氏云見下文升首在燔燎下故知在制祭後也又知在北墉下者見下云升首以報陽明是當戶北墉可知此升首非説有虞氏祭以首者故羊人云祭祀割羊牲登其首則三牲之首皆升也○直祭祝于主○直正也祭以薦熟爲正言薦熟正祭之時祝官以祝辭告于主若儀禮少牢敢用柔毛剛鬛用薦歲事于皇祖伯某是也○注謂薦至心耳○正義曰知薦熟時者以上文云詔祝於室次云用牲於庭升首於室下云索祭祝于祊以文次之知此當薦熟之節也○索祭祝于祊○索求也廣博求神非但在廟又爲求祭祝官行祭在於祊也祊謂廟門祭于廟門凡祊有二種一是正祭之時既設祭於廟又求神於廟門之内詩楚茨云祝祭于祊注云祊門内平生待賓客之處與祭同日也二是明日繹祭之時

設饌於廟門外西室亦謂之祊即上文云祊之于東方注云祊之禮宜于廟門外之西室是也今此索祭于祊當是正祭日之祊矣知者禮器云爲祊乎外以其稱外故注云祊祭明日之繹祭鄭又注上祊之于東方云祊之禮宜於廟門外之西室此經直云祊不云外又注直云廟門曰祊亦不云外是據正祭日祊也故下云肵之爲言敬也相饗之也假大也血毛告幽全之物是皆據正祭之日明此祊亦正祭日○注廟門至名也○正義曰廟門曰祊爾雅釋宮文云謂之祊者以於繹祭名也者此既正祭日於廟門內求神應揔稱云廟而謂之祊者以祊是廟門明日繹祭稱祊雖今日之正祭假以明日繹祭祊名同稱之曰祊也○不知神之所在於彼乎於此乎者○此解正祭在廟之時或設饌在室或設饌在堂不知神之所在之處爲於彼室乎爲於此堂乎故兩處設饌也○或諸至者與○此解索祭爲祊之時或諸遠人乎者諸是語辭其神靈或遠離於人不在廟乎○祭于祊尚曰求諸遠者與者尚是庶幾也言正祭之時祭於廟門祊者庶幾求於遠處者與言於遠處求神也○祊之至陳也○此皆訓祭祀所爲之事○注爲尸有肵俎○正義曰按特牲少牢設饌之後尸祭饌訖祝取牢心舌載于肵俎設于饌北尸每食牲體反置于肵俎是主人敬尸之俎也○注人君至備也○正義

曰少牢云皇尸命工祝承致多福無疆于女孝孫使女受祿
于天宜稼于田眉壽萬年勿替引之此是大夫嘏辭也人君
則福慶之辭更多故詩楚茨云永錫爾極時萬時億卜爾百
福如幾如式是也○注訓所至稙也○正義曰經云首者直
也直正也言首爲一體之正○相饗之也相謂詔侑所以立
祝詔侑尸者欲尸歆饗此饌○注特牲至祝饗○正義曰引
特牲者證饗尸時節延尸初入主人拜妥尸尸荅拜訖執此
鉶南之奠祝饗則設辭以饗之欲尸饗此奠也尸遂祭與啐之
嘏長也大也○尸報主人欲使長久廣大也○注尸或至非
也○正義曰此經尸爲陳諸本尸爲主尸是神象當從主主
是人所主事陳是器物陳列今訓之爲陳故云非也○毛血
至道也○此謂祝初薦血毛於室時也血是告幽之物毛是
告全之物告幽者言牲體肉裹美善告全者牲體外色完其
所以備此告幽全之物者貴其牲之純善之道也故鄭云純
謂中外皆善言中善則血好外善則毛好也○血祭至主也
此是堂上制祭後又薦血腥時也○祭肺肝心貴氣主也此
三者並爲氣之宅故祭時先用之是貴於氣之主故也血是
氣之所舍故云盛氣也三者非即氣故云氣之主也○祭黍
至水也○祭黍稷加肺者謂尸既坐綏祭之時祭黍稷加之
以肺言兼肺而祭故云加肺也○祭齊加明水者謂於正祭

之時陳列五齊之尊上又加明水之尊故云祭齊加明水也○報陰也者解加肺加明水之意肺是五臟在內水又屬北方皆是陰類又親形魄歸地是陰以陰物祭之故云報陰也○取膟膋燔燎升首者此謂朝踐時祝取膟膋燎于爐炭入以告神於室出以綏於主前又升首於室至薦孰之時祝更取膟膋及蕭以黍稷合燒之是臭陽達於牆屋也○報陽也者言膟膋黍稷並是陽氣之物首又是牲體亦是陽親之魂氣在天爲陽今以陽物祭之故云報陽也○明水涗齊貴新也者明水謂以陰鑑取月中之水也涗猶清也謂泲五齊使清故云涗齊所以設明水及涗齊者貴其新潔之義也○凡涗新之也者釋涗齊之意言所以涗此齊者以敬於鬼神故新潔之也○其謂之明水也由主人之潔著此水也者此釋明水之意所以謂之清明之水者著成也由主人清潔成就此水乃成可得而用也○注祭黍至酒也○正義曰祭黍稷加肺謂綏祭者按特牲禮云祝命綏祭尸左執觶右取菹擩于醢祭于豆間佐食取黍稷肺祭授尸尸祭之是尸綏祭之時有黍稷肺也少牢亦然皇氏以爲尸綏祭之時無黍稷至主人綏祭之時乃有黍稷解此祭爲主人綏祭也違背儀禮正文其義非也云五齊加明水則三酒加玄酒也者崔氏云五齊尊上加明水之尊五齊重明水亦重故加明水三酒輕

玄酒亦輕故云三酒加玄酒也此云玄酒對明水直謂水也若總而言之明水亦名玄酒故禮運云玄酒在室及司烜注云明水以爲玄酒是也此經祭齊加明水之文謂總據祭時而用五齊非謂綏祭之時也故鄭云祭黍稷加肺謂綏祭不云祭齊也按儀禮綏祭之後亦祭酒必知此祭齊非綏祭者以鄭云三酒加玄酒三酒本非綏祭之用故也○注與蕭至稷也○正義曰凡祭血腥之時已有膟膋燔燎故前文詔祝於室鄭注云取牲膟膋燎于爐炭洗肝于鬱鬯而燔之是也至薦熟之時又取膟膋而燔之故上經云蕭合黍稷故旣奠然後焫蕭合馨香故鄭此注云與蕭合燒之謂饋熟時也云亦有黍稷也者非但有蕭與膟膋兼有黍稷故云亦也○敬之至盡也○敬之至也服也者言君所以再拜稽首肉袒者是恭敬之至極○恭敬之至極乃是服順於親也此揔結上再拜稽首肉袒之文下又各釋拜稽首肉袒之事○拜服也者釋再拜之文拜者是服順於親也○稽首服之甚也者釋稽首之文拜旣是服而稽首頭至於地是服之甚極也肉袒服之盡也者釋肉袒之文言心雖內服外貌不盡今肉袒去飾是服之竭盡也○祭稱至家也熊氏云祭稱孝孫對祖爲言稱孝子對禰爲言○以其義稱也者義宜也事祖禰宜行孝道是以義而稱孝也○稱曾孫某謂國家也者國謂諸侯家謂

卿大夫既有國家之尊不但祭祖禰而已更祭曾祖以上但自曾祖以上唯稱曾孫而已言已是曾重之孫○注謂諸至而已○正義曰熊氏云經既稱國家則兼諸侯及大夫今注直云諸侯者注文略也大夫三廟亦事曾祖而得稱曾孫也其諸侯大夫事祖禰之時亦稱孝子孝孫事曾祖以上雖是內事則同於外稱故下曲禮云諸侯內事曰孝子某侯某外事曰曾孫某侯某是也此記不云某侯者略也上士二廟祖禰各一廟中下士一廟祖禰共廟前經注云謂祖禰據上士也○祭祀至讓也○解爲相之法也相謂詔侑也嘉善也庾氏云賓主之禮相告以揖讓之儀祭祀之禮則是主人自致其敬盡其善故詔侑尸者不告尸以讓是其無所與讓也○腥肆至已矣腥肆爓腍祭者肆剔也腍熟也言祭或進腥體或薦解剔或進湯沈或薦煮熟故云腥肆爓腍祭也○豈知神之所饗也主人自盡其敬而已矣者四種之薦豈知神適所饗邪正是主人自盡敬心而求索之心不一耳○舉斝至。命。也。○斝角爵名也天子曰斝諸侯曰角若依此則饋食薦熟之時尸未入祝先奠爵于鉶南尸入即席而舉之如特牲禮陰厭後尸入舉奠焉也但云舉斝角恐非周禮耳崔云是周也○詔妥尸者詔告也妥安也尸始即席舉奠斝角之時既始即席至尊之坐未敢自安而祝當告主人拜尸使尸安

坐也。古者尸無事則立有事而后坐也者古夏時也夏立
尸唯有飲食之事時乃坐若無事則倚立也由世質故耳。祝將
尸神象也者尸是神象故無事則立有事而后坐也。祝
命也者祝以傳達主人及神之辭令也。縮酌至酒也。正
義曰此一節記人揔釋周禮司尊彝泲二齊及鬱鬯之事。
縮酌用茅明酌也者縮泲也酌是斟酌謂醴齊既濁泲而後
可斟酌故云縮酌也用茅者謂泲醴齊之時而用茅也明酌
也者謂事酒之上酒色清明謂之明酌言欲泲醴齊時先用
明酌和此醴齊然後用茅泲之不云泛齊者與醴齊同。注
謂泲至酌也。正義曰謂泲醴齊以明酌者言泲醴齊之時
以明酌和之引周禮醴齊縮酌者證此經縮酌是醴齊也云
五齊醴尤濁者以醴比盎齊醍齊沈齊以次漸清故云尤濁
其實泛齊亦濁也云明酌者事酒之上也者周禮三酒一曰
事酒二曰昔酒三曰清酒三酒之中事酒尤濁三齊之內醴
齊尤濁醆酒清於醴齊清酒又清於事酒故知以事酒泲醴
齊也明謂清明故知是事酒之上清明者也云事酒今之醳
酒皆新成也者言古之事酒正是漢之醳酒事酒與醳酒皆
是新作而成故鄭注周禮云事酒酌有事者之酒謂爲事而
新作者醳是和醳醞釀之名即今卒造之酒也引春秋傳者
僖四年左傳文證此用茅是縮酒也云酒已泲則斟之以實

尊彝者以別器沛之沛訖取之以實尊彝也言彝者通鬱鬯而言也引昬禮曰酌玄酒三注于尊者證實尊稱酌之意云凡行酒亦爲酌也者言非但實尊爲酌凡以爵行酒亦爲酌故儀禮鄉飲酒燕禮賓爵與人皆稱爲酌也。醆酒涚于清。醆酒盎齊也涚沛也謂沛之以清酒盎齊差清先和以清酒而後沛之沛謂沛漉也以其差清不用茅其醍齊沈齊沛之與醆酒同鄭注司尊彝云泛從醴緹沈從盎此記不言五齊獨舉醴盎二齊者以司尊彝涚時祭二齊三酒與鬱故此言記者釋之天子時祭所用尢多故特言之。注醆酒至相得正義曰醆酒盎齊者周禮云盎齊涚酌此云醆酒涚于清涚文是同又周禮醴齊之後有盎齊禮運醴後有醆故知醆謂盎齊也云皆以味相得者盎齊既清作之必久清酒又冬釀接夏而成故云皆久味相得也。汁獻涚于醆酒。獻謂摩莎涚謂沛也秬鬯之中既有煑鬱又和以盎齊摩莎沛之出其香汁是汁莎沛之以醆酒也。注不以至尊也。正義曰既以事酒沛醴齊清酒沛盎齊則沛秬鬯應亦用三酒今沛秬鬯乃用盎齊故曰不以三酒沛秬鬯者秬鬯尊以其尊故用五齊沛之五齊卑故用三酒沛之事相宜也。猶明清與醆酒于舊澤之酒也。猶若也明謂明酌清謂清酒醆酒謂盎齊作記之時呼明酌及清酒與醆酒等皆沛於舊醳之酒謂以舊醳昔酒和此明酌清酒等三者而泲之作記之時其道如此古禮廢亡恐人不知泲醴齊以明酌泲醆酒以清酒泲汁莎以醆酒之意故記者云泲此醴齊之等猶若今時明清醆酒泲於舊醳之酒也。就其今日所知以曉古者難知之事○注天子至毒也。正義曰天子諸侯禮廢者謂祭禮廢則今日見存此經所云泲酒皆天子諸侯之事以其禮廢其事難知故舉今事以譬曉之云泲清酒以舊醳之酒者為其味厚腊毒也者舊醳之酒謂昔酒作雖久成比清酒為薄故用薄酒泲此清酒為其清酒是冬釀夏成其味厚久腊毒害故以薄酒泲之故國語云高位實疾顛厚味實腊毒鄭之此注解記時清酒泲於舊醳之酒○祭有至辟焉○正義曰有祈者謂求福祥也有報焉者謂獲福而報之有由辟焉者由用也辟彌也謂用此祭之以彌止災兵罪戾之事○注辟讀至疾也○正義曰祭既有祈有報除祈福之外唯有攘除凶惡故解為彌災兵遠罪疾取周禮小祝之文也○齊之至祭者○正義曰解齊服所以用玄冠之衣義也玄陰色鬼神幽陰故齊者玄服以表心思幽陰之理故云陰幽思也○故君子三日齊必見其所祭者解思陰義也三日謂致齊時也所祭者謂親也為親而祭故云所祭者也鬼神居陰故三日齊思其親之居處笑語故祭時如見其所祭之親也

附釋音禮記注疏卷第二十六

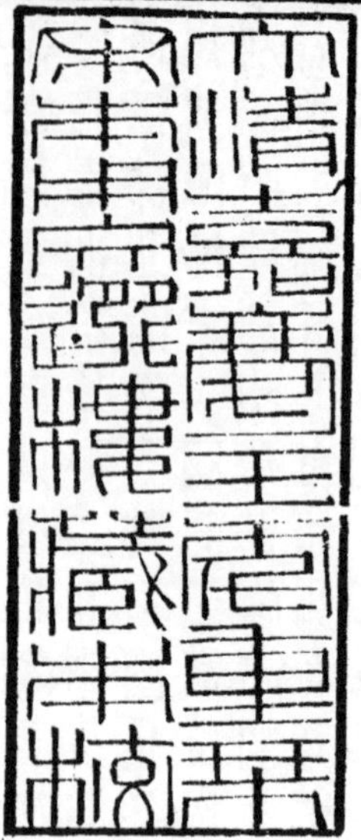

江西南昌府學栞

禮記注疏卷二十六挍勘記　阮元撰盧宣旬摘錄

郊特牲

郊之祭也節

郊之至至也　惠棟挍宋本無此五字

大報天而主日也節

大猶徧也　閩監毛本同岳本同衞氏集說同嘉靖本徧誤偏

大報至位也　惠棟挍宋本無此五字

埽地而祭節

埽地而祭　閩監本同岳本同嘉靖本同毛本埽作埽石經同衞氏集說同疏放此

埽地至誠也　惠棟挍宋本無此五字

郊之用辛也節

魯以無冬至祭天於圜丘之事 閩監本同岳本同嘉靖本同毛本圜作圓衛氏集說同考文引足利本同釋文出圜丘云本又作圓

當齊戒自新耳 惠棟校宋本亦作齊宋監本同岳本同嘉靖本同衛氏集說同閩監毛本齊作齋

郊之至以至 惠棟校宋本無此五字

實是魯郊而爲周字 惠棟校宋本同閩監毛本字作事

融又云祀大神 惠棟校宋本同閩監毛本大作天

卜之日節

因誓勑之以禮也 閩監本同岳本同嘉靖本同毛本勑作敕衛氏集說同他放此

卜之至義也 惠棟校宋本無此五字

喪者不哭節

喪者至聽上　惠棟挍宋本無此五字

鄭氏曰鄉者　閩監毛本作鄉爲田燭者是也

以及野郊　惠棟挍宋本野郊作郊野與周禮蜡氏合衛氏集說同此本誤倒閩監毛本同

祭之日節

王被衮以象天　各本同石經同釋文出卷云本又作衮注卷冕同

戴冕璪　各本同石經同釋文出載云本亦作戴

祭之至道也　惠棟挍宋本無此五字

萬物本乎天節

萬物至始也　惠棟挍宋本無此五字

祭天以祖配此所以報謝其本閩監毛本此作之衞氏集說同

謝其財謂之報閩監毛本財作恩衞氏集說同

天子大蜡八節

周之正數閩監毛本同岳本同嘉靖本同衞氏集說數作朔

嗇所樹蓺之功各本同岳本蓺作藝○按依說文當作埶唐人樹埶字作蓺六埶字作藝說見經典釋文

天子至嗇也惠棟挍宋本無此五字

先嗇司嗇並是一神惠棟挍宋本一作人衞氏集說同

足知蜡周建亥之月閩監毛本同惠棟挍宋本足作是續通解同

饗農及郵表畷節

饗農至事也　惠棟按宋本無此五字

揔明祭百種之事　惠棟按宋本作種此本種作穀閩監毛本同

曰土反其宅節

曰土至殺也　惠棟按宋本無此五字

土歸其安則得不崩　閩本同惠棟按宋本同監毛本安作宅衛氏集說同

蜡之祭節

送終喪殺　閩監毛本同按此注十五字當在上皮弁節下岳本嘉靖本此蜡之祭一節與上皮弁一節本連故注在此疏放此

蜡之至夫也　惠棟按宋本無此五字

揔其俱名蜡也　閩監毛本同浦鏜按云其下脫義字

公於是勞農以休息之者惠棟挍宋本同閩監毛本公誤云

野夫黃冠節

服象其時物之色閩監本同岳本同嘉靖本同衛氏集說同毛本服誤物

故息田夫而服之也惠棟挍宋本此下標禮記正義卷第三十五終記云凡二十二頁

大羅氏節惠棟挍宋本自此節起至有虞氏之祭也節止爲第三十六卷卷首題禮記正義卷第三十六

大羅至種也惠棟挍宋本無此五字

不務畜藏惠棟挍宋本同閩監毛本畜作蓄下畜藏與此同

八蜡以記四方節

八蜡以記四方各本同石經同齊召南挍云按鄭引此文以解大宗伯而誤云祀四方賈疏云祀字誤也

孫志祖按云按祀字亦可通觀注云四方方有祭也疑鄭所據本爲祀字與唐初疏家所據本有不同賈氏不達乃以爲誤耳

其方穀不熟　閩監毛本同衞氏集說同岳本熟作孰嘉靖本同惠棟按宋本宋監本並同

八蜡至興功　惠棟按宋本無此五字

冰昏正而栽　閩監本作裁毛本裁作栽衞氏集說同

恒豆之菹節

豚拍　閩監毛本同岳本同衞氏集說同嘉靖本豚作腞釋文出腞拍

籩豆之薦　閩監本同石經同岳本同嘉靖本同衞氏集說同毛本薦作藨釋文出藨云又作薦同按正義作薦

而不可者也　閩監毛本同岳本同衞氏集說同石經者作嗜惠棟按宋本同宋監本同嘉靖本同釋文出可者疏並作嗜

丹漆雕幾之美各本同石經同釋文出彫云又作雕字○按依說文當作琱段玉裁云凡琱琢之成文則曰彫假借字

是水草和羮之氣閩本作美惠棟挍宋本同衛氏集說同此本美作羮監毛本同

其菁菹麐鸛閩監毛本麐作鹿是也

供事神明之道閩監毛本供作共衛氏集說同

不可迴便以爲私利也閩監毛本同惠棟挍宋本迴作回衛氏集說回作因

不可同於尋常身所安褻之甚極也者閩監毛本也者作者也惠棟挍宋本無也字

般以以畢補案以字誤重

冠義節

毋追石經同岳本同釋文同閩監毛本毋作母嘉靖本同衛氏集說同

而有其昏禮閩監本同石經同岳本同嘉靖本同毛本昏作昬衛氏集說同餘放此○按依說文當作婚

官益尊也閩監毛本同岳本同嘉靖本同衛氏集說官作爵

死而謚閩監本同石經同嘉靖本同毛本謚作諡岳本同衛氏集說同餘放此

冠義至下也惠棟挍宋本無此五字

乃一醴於客位閩本同惠棟挍宋本同監毛本醴作醮衛氏集說同

爲冠身著冠畢冠身起入東房閩監毛本同惠棟挍宋本著冠二字重

追猶推也惠棟挍宋本同閩本推作椎監毛本推作堆衛氏集說同

天地合而后萬物興焉節

執摯以相見各本同釋文出執贄云本亦作摯石經贄字闕

婦盥饋各本有此三字石經同釋文出婦盥饋云一本無婦盥饋三字按正義云而禮本亦有云厥明婦盥饋者也云禮本亦有是正義本本無也盧文弨亦云婦盥饋三字注䟽本本無

天地至序也惠棟挍宋本無此五字

勿令虛濫毛本同衞氏集說同閩監本勿誤初通解虛濫作濫惡

謂之傳辭無自謙退閩監毛本同考文引補本謂作賓衞氏集說同

厥明至序也閩本監本毛本如此惠棟挍宋本序也二字作餕餘者

有虞氏之祭也節

爓或爲腈閩監毛本同岳本同嘉靖本同衞氏集說同釋文出爲腈云直輒反段玉裁挍本云有司徹䟽引此注爓或爲焞

染以脂含黍稷燒之監毛本含作合岳本同嘉靖本同衞氏集說同此本誤閩本同

先肝于鬱鬯而燔之閩監毛本同嘉靖本同岳本先作洗宋監本同衞氏集說同考文引古本足利本同按正義本亦作洗

又出以墮于主各本同宋監本主下有人字盧文弨云他書所引主下有前字按正義則前字當有

尊首尚氣也閩本同惠棟挍宋本同岳本同嘉靖本同衞氏集說同監毛本尚作上

此訓之也閩監本同岳本同嘉靖本同衞氏集說同毛本此誤比

明水涚齊各本同石經同釋文出說齊云字又作涚

涉之以茅惠棟挍宋本作涉宋監本同岳本同嘉靖本同續通解同考文引古本足利本同此本涉誤藉閩監毛本同衞氏集說同浦鏜挍云論語譎正章疏引作涉

名曰明者閩監毛本同岳本同嘉靖本同衞氏集說同考文引古本足利本下有神明之也四字

涉以酌酒監毛本同閩本涉作無酌作縮惠棟挍宋本同宋監本同岳本同嘉靖本同衞氏集說同

有虞至祭者惠棟挍宋本無此五字

先奏六樂以致其神惠棟挍宋本六作是是也閩監毛本並誤

此宗廟九奏之郊續通解郊作效○按作效與周禮大司樂注合此本效誤郊閩本郊字闕毛本郊作節

殷人至間也閩監毛本同惠棟挍宋本無此五字

殷尚聲故未殺牲監毛本同衞氏集說同閩本殷作旣惠棟挍宋本同

如鬱金香草合爲鬯也閩監毛本同考文云補本草作矣

玉氣絜潤惠棟挍宋本亦作絜閩本同監毛本絜作潔衞氏集說同

延尸戶內更從此始也監毛本同衞氏集說同閩本此作孰惠棟挍宋本同

詔祝至於堂監本祝誤室惠棟挍宋本無此五字

王乃親洗肝於鬱鬯而燔之　閩監本同衛氏集説同毛本王誤主續通解王作主

人

坐尸於堂者既灌鬯之後　惠棟挍宋本無鬯字衛氏集説同此誤衍也閩監毛本同

祝取牢心舌載于肵俎　閩本同惠棟挍宋本同監毛本肵誤肝

祭黍至水也　閩監毛本同惠棟挍宋本此五字無

敬之至盡也　惠棟挍宋本無此五字

是恭敬之至極　閩監毛本同衛氏集説同惠棟挍宋本無極字

腥肆至已矣　惠棟挍宋本無此五字

舉斝至命也　監本毛本如此惠棟挍宋本至命也三字作角者

醆酒涗于清　監本毛本如此惠棟挍宋本淸下有者字

泲於舊醳之酒也惠棟挍宋本醳作澤也下有者字此本澤誤醳者字脫閩監毛本同

所祭之親也惠棟挍宋本此下標禮記正義卷第三十六終記云凡二十六頁

禮記注疏卷二十六挍勘記

傳古樓景印